石油企业岗位练兵手册

采油测试工

（油气生产单位专用）

（第二版）

大庆油田有限责任公司　编

石油工业出版社

内 容 提 要

本书采用问答形式，对采油测试工应掌握的知识和技能进行了详细介绍。主要内容可分为基本素养、基础知识、基本技能三部分。基本素养包括企业文化、发展纲要和职业道德等内容，基础知识包括与工种岗位密切相关的专业知识和 HSE 知识等内容，基本技能包括操作技能和常见故障判断处理等内容。本书适合采油测试工阅读使用。

图书在版编目（CIP）数据

采油测试工 / 大庆油田有限责任公司编 .—2 版 .—北京：石油工业出版社，2023.7
（石油企业岗位练兵手册）
油气生产单位专用
ISBN 978-7-5183-6066-6

Ⅰ . ①采… Ⅱ . ①大… Ⅲ . ①油气测井 - 技术手册 Ⅳ . ① TE151-62

中国国家版本馆 CIP 数据核字（2023）第 122552 号

出版发行：石油工业出版社
　　　　　（北京市朝阳区安华里 2 区 1 号楼　100011）
　　　　　网　　址：www.petropub.com
　　　　　编辑部：（010）64240756
　　　　　图书营销中心：（010）64523633
经　　销：全国新华书店
印　　刷：北京中石油彩色印刷有限责任公司

2023 年 8 月第 2 版　2023 年 8 月第 1 次印刷
880×1230 毫米　开本：1/32　印张：7.5
字数：188 千字
定价：45.00 元
（如出现印装质量问题，我社图书营销中心负责调换）
版权所有，翻印必究

《采油测试工(油气生产单位专用)》编委会

主　　任：陶建文
执行主任：李钟磬
副 主 任：夏克明　侯继波
委　　员：全海涛　崔　伟　张智博　武　威　曹　哲
　　　　　朱继红　夏连晶　霍东英　陈　宏

《采油测试工(油气生产单位专用)》编审组

孟庆祥	李　馨	王恒斌	常　城	于　珊	丁洪涛
安利刚	王　涛	胡道勇	徐作嘉	涂登利	刘永强
王海涛	冯　德	赵　阳	于海龙	王　辉	路明亮
吴洪涛	曹　刚	张化庆	梁玉杰	宋宝玉	胡铁刚
李德辉	吴　敌	孙廷春

前言

岗位练兵是大庆油田的优良传统，是强化基本功训练、提升员工素质的重要手段。新时期、新形势下，按照全面加强"三基"工作的有关要求，为进一步强化和规范经常性岗位练兵活动，切实提高基层员工队伍的基本素质，按照"实际、实用、实效"的原则，大庆油田有限责任公司人事部组织编写、修订了基层员工《石油企业岗位练兵手册》丛书。围绕提升政治素养和业务技能的要求，本套丛书架构分为基本素养、基础知识、基本技能三部分，基本素养包括企业文化（大庆精神铁人精神、优良传统）、发展纲要和职业道德等内容；基础知识包括与工种岗位密切相关的专业知识和HSE知识等内容；基本技能包括操作技能和常见故障判断处理等内容。本套丛书的编写，严格依据最新行业规范和技术标准，同时充分结合目前专业知识更新、生产设备调整、操作工艺优化等实际情况，具有突出的实用性和规范性的特点，既能作为基层开展岗位练兵，提高业务技能的实用教材，也可以作为员工岗位自学、单位开展技能竞赛的参考资料。

希望各单位积极应用，充分发挥本套丛书的基础性作用，持续、深入地抓好基层全员培训工作，不断提升员工队伍整体素质，为实现公司科学发展提供人力资源保障。同时，希望各单位结合本套丛书的应用实践，对丛书的修改完善提出宝贵意见，以便更好地规范和丰富丛书内容，为基层扎实有效地开展岗位练兵活动提供有力支撑。

大庆油田有限责任公司人事部
2023 年 4 月 28 日

第一部分 基本素养

一、企业文化 …………………………………………… 001

（一）名词解释 ……………………………………… 001

1. 石油精神 ……………………………………… 001
2. 大庆精神 ……………………………………… 001
3. 铁人精神 ……………………………………… 001
4. 三超精神 ……………………………………… 002
5. 艰苦创业的六个传家宝 ……………………… 002
6. 三要十不 ……………………………………… 002
7. 三老四严 ……………………………………… 002
8. 四个一样 ……………………………………… 002
9. 思想政治工作"两手抓" ……………………… 003
10. 岗位责任制管理 ……………………………… 003

11. 三基工作 ·· 003
12. 四懂三会 ·· 003
13. 五条要求 ·· 004
14. 会战时期"五面红旗" ····························· 004
15. 新时期铁人 ······································· 004
16. 大庆新铁人 ······································· 004
17. 新时代履行岗位责任、弘扬严实作风"四条
　　要求" ··· 004
18. 新时代履行岗位责任、弘扬严实作风"五项
　　措施" ··· 004

(二) 问答 ··· 004
1. 简述大庆油田名称的由来。 ····················· 004
2. 中共中央何时批准大庆石油会战？ ············ 004
3. 什么是"两论"起家？ ···························· 005
4. 什么是"两分法"前进？ ························· 005
5. 简述会战时期"五面红旗"及其具体事迹。 ···· 005
6. 大庆油田投产的第一口油井和试注成功的第一口
　　水井各是什么？ ································ 006
7. 大庆石油会战时期讲的"三股气"是指什么？ ···· 006
8. 什么是"九热一冷"工作法？ ···················· 006
9. 什么是"三一""四到""五报"交接班法？ ······· 006
10. 大庆油田原油年产 5000 万吨以上持续稳产的时间
　　是哪年？ ··· 006
11. 大庆油田原油年产 4000 万吨以上持续稳产的时间
　　是哪年？ ··· 007

12. 中国石油天然气集团有限公司企业精神是
什么？ ··· 007
13. 中国石油天然气集团有限公司的主营业务是
什么？ ··· 007
14. 中国石油天然气集团有限公司的企业愿景和价值
追求分别是什么？ ·· 007
15. 中国石油天然气集团有限公司的人才发展理念
是什么？ ··· 007
16. 中国石油天然气集团有限公司的质量安全环保理念
是什么？ ··· 007
17. 中国石油天然气集团有限公司的依法合规理念是
什么？ ··· 008

二、发展纲要 ··· 008

（一）名词解释 ··· 008
1. 三个构建 ··· 008
2. 一个加快 ··· 008
3. 抓好"三件大事" ·· 008
4. 谱写"四个新篇" ·· 008
5. 统筹"五大业务" ·· 008
6. "十四五"发展目标 ·· 008
7. 高质量发展重要保障 ······································ 008

（二）问答 ··· 009
1. 习近平总书记致大庆油田发现60周年贺信的内容
是什么？ ··· 009

2. 当好标杆旗帜、建设百年油田的含义是什么？……… 009
3. 大庆油田60多年的开发建设取得的辉煌历史有哪些？……………………………………………………… 010
4. 开启建设百年油田新征程两个阶段的总体规划是什么？……………………………………………… 010
5. 大庆油田"十四五"发展总体思路是什么？……… 010
6. 大庆油田"十四五"发展基本原则是什么？……… 011
7. 中国共产党第二十次全国代表大会会议主题是什么？……………………………………………… 011
8. 在中国共产党第二十次全国代表大会上的报告中，中国共产党的中心任务是什么？………………… 011
9. 在中国共产党第二十次全国代表大会上的报告中，中国式现代化的含义是什么？…………………… 011
10. 在中国共产党第二十次全国代表大会上的报告中，两步走是什么？……………………………………… 012
11. 在中国共产党第二十次全国代表大会上的报告中，"三个务必"是什么？……………………………… 012
12. 在中国共产党第二十次全国代表大会上的报告中，牢牢把握的"五个重大原则"是什么？………… 012
13. 在中国共产党第二十次全国代表大会上的报告中，十年来，对党和人民事业具有重大现实意义和深远意义的三件大事是什么？…………………… 012
14. 在中国共产党第二十次全国代表大会上的报告中，坚持"五个必由之路"的内容是什么？………… 012

三、职业道德 ·· 013

（一）名词解释 ··· 013
1. 道德 ·· 013
2. 职业道德 ·· 013
3. 爱岗敬业 ·· 013
4. 诚实守信 ·· 013
5. 劳动纪律 ·· 013
6. 团结互助 ·· 013

（二）问答 ··· 014
1. 社会主义精神文明建设的根本任务是什么？ 014
2. 我国社会主义道德建设的基本要求是什么？ 014
3. 为什么要遵守职业道德？ ······················ 014
4. 爱岗敬业的基本要求是什么？ ················ 014
5. 诚实守信的基本要求是什么？ ················ 014
6. 职业纪律的重要性是什么？ ··················· 015
7. 合作的重要性是什么？ ·························· 015
8. 奉献的重要性是什么？ ·························· 015
9. 奉献的基本要求是什么？ ······················· 015
10. 企业员工应具备的职业素养是什么？ ······ 015
11. 培养"四有"职工队伍的主要内容是什么？ ······ 015
12. 如何做到团结互助？ ···························· 015
13. 职业道德行为养成的途径和方法是什么？ 016
14. 员工违规行为处理工作应当坚持的原则是什么？··· 016
15. 对员工的奖励包括哪几种？ ·················· 016
16. 员工违规行为处理的方式包括哪几种？ ······ 016

17.《中国石油天然气集团公司反违章禁令》有哪些规定？ ………………………………………………… 016

第二部分　基础知识

一、专业知识 ………………………………………… 018

（一）名词解释 …………………………………… 018

1. 注水井 ………………………………………… 018
2. 生产井 ………………………………………… 018
3. 激动井 ………………………………………… 018
4. 反映井 ………………………………………… 018
5. 正注 …………………………………………… 018
6. 反注 …………………………………………… 018
7. 合注 …………………………………………… 018
8. 笼统注水 ……………………………………… 018
9. 分层注水 ……………………………………… 018
10. 分层测试 …………………………………… 019
11. 分层注水测试率 …………………………… 019
12. 分层注水合格率 …………………………… 019
13. 注采比 ……………………………………… 019
14. 注采平衡 …………………………………… 019
15. 注水压差 …………………………………… 019
16. 吸水指数 …………………………………… 019
17. 吸水指示曲线 ……………………………… 019

18. 注水强度 ……………………………………… 019
19. 地下亏空 ……………………………………… 019
20. 压力平衡 ……………………………………… 019
21. 启动压力 ……………………………………… 019
22. 视流量 ………………………………………… 019
23. 视流压 ………………………………………… 019
24. 管损 …………………………………………… 020
25. 嘴损 …………………………………………… 020
26. 油压 …………………………………………… 020
27. 套压 …………………………………………… 020
28. 回压 …………………………………………… 020
29. 静压 …………………………………………… 020
30. 流压 …………………………………………… 020
31. 静水柱压力 …………………………………… 020
32. 饱和压力 ……………………………………… 020
33. 基准面压力 …………………………………… 020
34. 原始地层压力 ………………………………… 020
35. 总压差 ………………………………………… 020
36. 生产压差 ……………………………………… 020
37. 静压梯度 ……………………………………… 020
38. 压力系数 ……………………………………… 021
39. 破裂压力 ……………………………………… 021
40. 冲程 …………………………………………… 021
41. 冲次 …………………………………………… 021
42. 动液面 ………………………………………… 021
43. 静液面 ………………………………………… 021

44. 沉没度 ………………………………………… 021
45. 示功图 ………………………………………… 021
46. 冲程损失 ……………………………………… 021
47. 充满系数 ……………………………………… 021
48. 泵效 …………………………………………… 021
49. 泵的理论排量 ………………………………… 021
50. 防冲距 ………………………………………… 022
51. 套补距 ………………………………………… 022
52. 油补距 ………………………………………… 022
53. 人工井底 ……………………………………… 022
54. 水泥塞 ………………………………………… 022
55. 水泥返高 ……………………………………… 022
56. 封隔器 ………………………………………… 022
57. 检泵 …………………………………………… 022
58. 酸化 …………………………………………… 022
59. 释放 …………………………………………… 022
60. 压裂 …………………………………………… 023
61. 注水井洗井 …………………………………… 023
62. 开发方式 ……………………………………… 023
63. 注水方式 ……………………………………… 023
64. 井网 …………………………………………… 023
65. 层间矛盾 ……………………………………… 023
66. 平面矛盾 ……………………………………… 023
67. 层内矛盾 ……………………………………… 023
68. 单层突进 ……………………………………… 024
69. 局部舌进 ……………………………………… 024

70. 渗透率 ……………………………………… 024
71. 限制层 ……………………………………… 024
72. 加强层 ……………………………………… 024
73. 接替层 ……………………………………… 024
74. 采油指数 …………………………………… 024
75. 体积系数 …………………………………… 024
76. 压缩系数 …………………………………… 024
77. 溶解系数 …………………………………… 024
78. 孔隙度 ……………………………………… 024
79. 有效孔隙度 ………………………………… 025
80. 稳定流 ……………………………………… 025
81. 采收率 ……………………………………… 025
82. 一次采油 …………………………………… 025
83. 二次采油 …………………………………… 025
84. 三次采油 …………………………………… 025
85. 聚合物的降解 ……………………………… 025
86. 石油的凝点 ………………………………… 025
87. 压力恢复试井 ……………………………… 025
88. 压力降落试井 ……………………………… 025
89. 探测液面法试井 …………………………… 025
90. 脉冲试井 …………………………………… 026
91. 探边测试 …………………………………… 026
92. 干扰试井 …………………………………… 026

(二) 问答 ……………………………………… 026
　　1. 什么是试井？试井有哪些方法？ ……… 026
　　2. 试井有什么用途？ ……………………… 026

3. 试井常录取的资料有哪些？ ················· 027
4. 什么是稳定试井？ ······················· 027
5. 稳定试井有什么用途？ ····················· 027
6. 怎样进行稳定试井？ ······················· 027
7. 什么是不稳定试井？ ······················· 028
8. 不稳定试井有什么用途？ ··················· 028
9. 什么是常规试井解释？ ····················· 028
10. 分层测试有什么意义？ ···················· 028
11. 什么是指示曲线？什么是稳定试井曲线？ ········ 028
12. 注水井分层指示曲线的作用是什么？ ············ 029
13. 什么是井身结构？它由什么组成？井身结构中
    各部分的作用是什么？ ···················· 029
14. 封隔器的作用是什么？有哪些基本参数？ ········ 031
15. 封隔器的分类有哪些？封隔器型号的编制有
    哪些规定？ ···························· 031
16. 注水井偏心堵塞器结构及工作原理分别是什么？ ···· 032
17. 普通式偏心分注管柱的结构组成及特点分别
    是什么？ ····························· 033
18. 桥式偏心分层注水管柱的结构组成是什么？
    测试工艺有哪些优点？ ···················· 034
19. 偏心集成式分注管柱的工作原理是什么？ ········ 035
20. 偏心集成式分注管柱的结构组成及工艺特点
    分别是什么？ ·························· 036
21. 什么是缆控分层注水工艺？ ················· 037
22. 常用的试井设备有哪些？ ··················· 037
23. 常用的试井仪器有哪些？ ··················· 037

24. 什么是井下流量计？按工作原理分为哪几种
类型？ ……………………………………… 038
25. 什么是集流式流量计？ …………………… 038
26. 什么是非集流式流量计？ ………………… 038
27. 如何选择三采分注井分层流量测试仪器？ …… 039
28. 流量计、压力计、示功仪、回声仪多长
时间校对一次？ …………………………… 039
29. 什么是投捞器？它的分类有哪些？ ……… 039
30. 提挂式投捞器的结构和原理是什么？ …… 039
31. 什么是堵塞器？偏心配（产）水堵塞器的
作用是什么？ ……………………………… 040
32. 什么是振荡器？振荡器的分类及其作用
是什么？ …………………………………… 040
33. 测试时为什么要用振荡器？怎样增加振荡器的
冲击能量？ ………………………………… 040
34. 测试接头有哪些类型？各种类型的用途
是什么？ …………………………………… 041
35. 测试加重杆有几种？其用途和特点是什么？ …… 041
36. 卡瓦打捞筒的用途是什么？由哪几部分组成？ … 041
37. 卡瓦打捞筒的工作原理是什么？ ………… 042
38. 试井绞车液压系统的结构及原理是什么？ …… 042
39. 电动驱动绞车的结构及工作原理是什么？ …… 042
40. 试井钢丝绞车的例保内容有哪些？ ……… 043
41. 注水井磁性定位测井的用途是什么？ …… 043
42. 测试绞车液压油多长时间更换一次？ …… 043
43. 试井钢丝多长时间更换一次？ …………… 043

44. 测试电缆的用途和结构分别是什么？常用的测试
    电缆有哪些？……………………………………… 043
45. 地滑轮的作用是什么？ ………………………… 044
46. 测试滑轮的作用是什么？ ……………………… 044
47. 测井电缆的机械性能有哪些指标？电缆的
    电气性能有哪些指标？ ………………………… 044
48. 电缆计深装置由哪些部件组成？ ……………… 044
49. 注入井测试中仪器损坏的原因有哪些？ ……… 044
50. 注入井测试中预防仪器损坏的措施有哪些？ … 045
51. 调配水嘴的作用是什么？ ……………………… 045
52. 水嘴调配选择的原理是什么？ ………………… 045
53. 注水井分层测试的目的是什么？ ……………… 045
54. 注水井为什么要调整？ ………………………… 045
55. 注水井流量的测试方法有哪些？其原理
    是什么？ ………………………………………… 046
56. 什么是桥式偏心集流测试工艺？ ……………… 046
57. 影响注水井吸水能力的因素有哪些？吸水
    能力差的井应采取哪些措施？ ………………… 046
58. 偏心注水井测流量前应做哪些准备？ ………… 047
59. 分层测试测各层段吸水量时为什么要避开
    封隔器位置而将仪器吊测在油管中？ ………… 047
60. 测试分层注水量时应注意什么？ ……………… 047
61. 高压试井中的"三有"是什么？ ……………… 047
62. 高压试井中的"三不关"是什么？ …………… 048
63. 高压试井中的"四要"是什么？ ……………… 048
64. 高压试井中的"五不准"是什么？ …………… 048

65. 注水井测试资料的验收要求是什么？ ………… 048
66. 怎样解释、计算分层注入量？ ………………… 049
67. 什么是压力恢复曲线和压降曲线？ …………… 050
68. 什么是井下压力计？ …………………………… 050
69. 为什么要校对压力计？ ………………………… 050
70. 存储式电子压力计为什么要设置采样时间表？
    编制采样时间的原则是什么？ ………………… 051
71. 怎样验收及解释验封资料？ …………………… 051
72. 注水井层段划分的原则是什么？ ……………… 052
73. 注水井调剖的目的是什么？ …………………… 052
74. 判断分层封隔器失效的标准有哪些？ ………… 052
75. 分层测试时怎样判断油管漏失？ ……………… 052
76. 注水井测配过程中，如发生故障应如何处理？ … 053
77. 什么是绳类落物？绳类落物主要用什么打捞工具？
    其分类及特点是什么？ ………………………… 053
78. 钩类落物打捞时应注意些什么？ ……………… 053
79. 处理偏心堵塞器打捞杆弯曲时应注意些什么？ … 054
80. 打捞落物前对落物井及落物应有何了解？ …… 054
81. 打捞油、水井落物时应注意些什么？ ………… 055
82. 测液面的目的是什么？ ………………………… 055
83. 测液面时应注意什么？ ………………………… 056
84. 影响液面测试资料准确性的因素有哪些？ …… 056
85. 测示功图的目的是什么？ ……………………… 056
86. 示功图测试有哪些方法？ ……………………… 056
87. 示功图验收有哪些要求？ ……………………… 057
88. 测试示功图时应注意些什么？ ………………… 057

89. 实测示功图受哪些因素影响？ …………………… 057

90. 抽油杆在传递动力过程中承受哪些载荷？ ……… 057

91. 实测示功图上可以计算哪些参数？ ……………… 058

92. 什么是理论示功图？绘制理论示功图的假设条件
    是什么？ …………………………………………… 058

93. 示功图的分析有哪几种方法？ …………………… 058

94. 示功图、动液面测试资料出现什么情况下必须
    进行复测？ ………………………………………… 059

95. 聚合物驱油中的一元、二元、三元指的
    是什么？ …………………………………………… 059

96. 采油井要取全取准哪六方面的资料？ …………… 059

97. 注水井要取全取准哪四方面的资料？ …………… 059

98. 系统保护油层主要包括什么？ …………………… 059

99. 直读式电磁井下流量测调仪的工作原理
    是什么？ …………………………………………… 059

100. 判断试井电缆通信状态应注意哪些？ ………… 060

二、HSE 知识 ……………………………………… 060

（一）名词解释 …………………………………… 060

1. 静电 …………………………………………… 060
2. 触电 …………………………………………… 061
3. 单相接触 ……………………………………… 061
4. 两相接触 ……………………………………… 061
5. 跨步电压触电 ………………………………… 061
6. 电流灼伤 ……………………………………… 061
7. 电弧灼伤 ……………………………………… 061

8. 保护接零 …………………………………………… 061
9. 保护接地 …………………………………………… 061
10. 闪燃 ………………………………………………… 061
11. 自燃 ………………………………………………… 062
12. 着火 ………………………………………………… 062
13. 爆燃 ………………………………………………… 062
14. 爆炸极限 …………………………………………… 062
15. 火灾 ………………………………………………… 062
16. 冷却法 ……………………………………………… 062
17. 窒息法 ……………………………………………… 062
18. 隔离法 ……………………………………………… 062
19. 抑制法 ……………………………………………… 062
20. 受限空间作业 ……………………………………… 062
21. 危险化学品 ………………………………………… 062
22. 噪声 ………………………………………………… 063
23. 高处作业 …………………………………………… 063
24. 最低着落点 ………………………………………… 063
25. 坠落高度基准面 …………………………………… 063
26. 作业高度 …………………………………………… 063
27. 可能坠落的范围 …………………………………… 063
28. 可能坠落范围半径 ………………………………… 063
29. 基础高度 …………………………………………… 063
30. 应急预案 …………………………………………… 063

(二) 问答 …………………………………………………… 064
   1. 抽油机操作中的主要风险有哪几点？………………… 064

2. 游梁式抽油机存在哪十大危险？ ……………… 064
3. 抽油机井采油生产过程中容易发生哪些
   人身伤害事故？ …………………………………… 064
4. 低压测功图时的安全注意事项有哪些？ …… 065
5. 测试时为何要使用警示标志？ ………………… 065
6. 注水井测试时如何避免物体打击类事故的
   发生？ ……………………………………………… 065
7. 操作测试绞车时要遵守哪些基本安全操作
   守则？ ……………………………………………… 066
8. 机械伤害的消减措施是什么？ ………………… 066
9. 钢丝测试过程中安全注意事项有哪些？ …… 066
10. 电缆测试时的安全注意事项有哪些？ ……… 067
11. 引起仪器电池爆炸的原因有哪些？ ………… 067
12. 如何避免高温电池爆炸？ ……………………… 067
13. 遇到什么天气不得从事露天高处作业？ …… 068
14. 高处作业常见的事故类型有哪些？ ………… 068
15. 高处坠落的消减措施是什么？ ………………… 068
16. 预防物体打击的安全技术措施有哪些？ …… 068
17. 高处作业有哪些安全规定？ …………………… 068
18. 什么是安全防护用品？安全防护用品分为
    哪几类？ …………………………………………… 069
19. 安全防护用品的基本要求是什么？ ………… 069
20. 什么是安全帽？ ………………………………… 070
21. 安全帽使用时应检查的内容有哪些？ ……… 070
22. 安全帽的使用注意事项有哪些？ …………… 070
23. 什么是安全带？安全带分为哪几类？ ……… 071

24. 安全带佩戴和使用时应注意些什么？ …………… 071
25. 什么是挂梯？其分类有哪些？ ………………… 071
26. 在进行登梯作业时，必须遵守哪些规定？ …… 071
27. 高处作业高度的区段有哪些？ ………………… 072
28. 高处作业人员的安全职责是什么？ …………… 072
29. 发生高处坠落怎样急救？ ……………………… 073
30. 直接引起坠落的客观因素有哪些？ …………… 073
31. 石油、天然气对人体的毒害作用是什么？ …… 074
32. 对日常工作中经常进入 H_2S 风险区域的工作人员有哪些要求？ …………………………………… 075
33. 在产有毒气体的井上测试时有哪些注意事项？ … 075
34. 有毒有害气体泄漏时的处理程序是什么？ …… 075
35. 气体中毒应急处理应注意些什么？ …………… 075
36. 安全用电的措施有哪些？ ……………………… 076
37. 发生人身触电应怎么办？ ……………………… 076
38. 什么是电伤？电伤分几类？ …………………… 076
39. 防止静电有哪几种措施？ ……………………… 077
40. 为什么静电能将可燃物引燃？ ………………… 077
41. 怎样识别触电的危险程度？ …………………… 077
42. 人触电的现场急救方法主要有几种？ ………… 077
43. 触电方式有几种？有跨步电压危险存在时应怎样做？ ………………………………………… 077
44. 如何使触电者脱离电源？ ……………………… 077
45. 如何检查管理干粉灭火器？ …………………… 078
46. 使用干粉灭火器的注意事项有哪些？ ………… 078
47. 灭火有哪些方法？ ……………………………… 078

48. 火场逃生的注意事项有哪些？⋯⋯⋯⋯⋯⋯⋯⋯ 078
49. 事故应急救援的基本任务是什么？⋯⋯⋯⋯⋯⋯ 079
50. 发生事故时应如何报告？⋯⋯⋯⋯⋯⋯⋯⋯⋯⋯ 079
51. 发生事故时的汇报内容应包括什么？⋯⋯⋯⋯⋯ 079
52. 现场常用急救措施有哪些？⋯⋯⋯⋯⋯⋯⋯⋯⋯ 080

第三部分　基本技能

一、操作技能 ⋯⋯⋯⋯⋯⋯⋯⋯⋯⋯⋯⋯⋯⋯⋯⋯⋯ 082

1. 打录井钢丝绳结 ⋯⋯⋯⋯⋯⋯⋯⋯⋯⋯⋯⋯⋯⋯ 082
2. 制作连接钢管电缆头 ⋯⋯⋯⋯⋯⋯⋯⋯⋯⋯⋯⋯ 083
3. 制作连接丝铠电缆头 ⋯⋯⋯⋯⋯⋯⋯⋯⋯⋯⋯⋯ 085
4. 安装保养钢丝测试防喷装置及测试滑轮总成 ⋯⋯ 086
5. 安装免攀爬测试防喷装置 ⋯⋯⋯⋯⋯⋯⋯⋯⋯⋯ 088
6. 安装液压免攀爬自动升降试井防喷装置 ⋯⋯⋯⋯ 090
7. 试井绞车测试前检查 ⋯⋯⋯⋯⋯⋯⋯⋯⋯⋯⋯⋯ 092
8. 液压绞车的保养与操作 ⋯⋯⋯⋯⋯⋯⋯⋯⋯⋯⋯ 094
9. 计量轮的更换与检查 ⋯⋯⋯⋯⋯⋯⋯⋯⋯⋯⋯⋯ 096
10. 弹簧式振荡器的保养与检查 ⋯⋯⋯⋯⋯⋯⋯⋯⋯ 098
11. 提挂式投捞器的保养及检查 ⋯⋯⋯⋯⋯⋯⋯⋯⋯ 099
12. 偏心堵塞器的保养及检查 ⋯⋯⋯⋯⋯⋯⋯⋯⋯⋯ 100
13. 保养联动测调仪调节臂 ⋯⋯⋯⋯⋯⋯⋯⋯⋯⋯⋯ 102
14. 存储式井下流量计使用前的检查 ⋯⋯⋯⋯⋯⋯⋯ 103
15. 注水井分层测配前的准备 ⋯⋯⋯⋯⋯⋯⋯⋯⋯⋯ 105
16. 捞投分层注水井偏心堵塞器 ⋯⋯⋯⋯⋯⋯⋯⋯⋯ 107

17. 存储式（非集流）井下流量计测试注水井分层
    注水量···110
18. 注水井（集流式）测调联动仪测试分层
    注水量···112
19. 注水井（非集流式）测调联动仪测试分层
    注水量···114
20. 注聚井分层测试···116
21. 制作打捞矛···118
22. 打捞井下落物···119
23. 选配分层注水井水嘴···································122
24. 选择压力计量程··123
25. 电子压力计的测前检查及设置·····················123
26. 验封密封段的保养····································124
27. 存储式验封压力计分层注水井验封···············125
28. 直读式验封仪分层注水井验封·····················128
29. 综合测试仪的测试前检查···························130
30. 拆装保养气动井口连接器···························131
31. 使用综合测试仪测试示功图························132
32. 使用综合测试仪测试动液面························133
33. 典型示功图分析······································135
34. 液面资料分析及计算································139
35. 注水井测试时的开、关井操作····················143
36. 启停抽油机···144
37. 抽油机井开井操作··································146
38. 万用表的使用··148
39. 兆欧表的使用··149

二、常见故障判断与分析 ………………………… 151

1. 注水井油压升高故障有什么现象？故障原因有哪些？如何处理？ ………………………… 151
2. 注水井油压下降故障有什么现象？故障原因有哪些？如何处理？ ………………………… 152
3. 注水井井口油压与井下仪器测试压力不符时，因地面流程引起的故障的原因有哪些？如何处理？ ………………………… 152
4. 注水井井口油压与井下仪器测试压力不符时，因测试仪器引起的故障的原因有哪些？如何处理？ ………………………… 153
5. 注水井水表水量与井下流量计测试水量不符，因地面水表引起的故障的原因有哪些？如何处理？ ………………………… 154
6. 注水井水表水量与井下流量计测试水量不符，因地面流程引起的故障的原因有哪些？如何处理？ ………………………… 155
7. 注水井水表水量与井下流量计测试水量不符，因测试仪器引起的故障的原因有哪些？如何处理？ ………………………… 155
8. 注水井水表水量与井下流量计测试水量不符，因井下管柱引起的故障的原因有哪些？如何处理？ ………………………… 156
9. 测试时，因操作问题造成注水井水表与流量计水量不符的故障的原因有哪些？如何处理？ ……… 157

10. 测试时引起注水井测试水量异常变化故障的
地面影响因素有哪些？如何处理？ ………… 157
11. 测试时引起注水井测试水量异常变化故障的
井下管柱因素有哪些？如何处理？ ………… 158
12. 注水井挡球漏失故障有什么现象？故障原因
有哪些？如何处理？ ……………………… 159
13. 分层注水井封隔器失效故障有什么现象？
故障原因有哪些？如何判断？ …………… 159
14. 电子压力计常见故障有什么现象？故障原因
有哪些？如何处理？ ……………………… 160
15. 分层注水井验封时，密封段常见故障的原因
有哪些？如何处理？ ……………………… 161
16. 注水井压力资料异常故障的原因有哪些？
如何预防？ ………………………………… 162
17. 捞不到偏心堵塞器故障有什么现象？故障原因
有哪些？如何处理？ ……………………… 162
18. 偏心堵塞器捞到但拔不动故障有什么现象？
故障原因有哪些？如何处理？ …………… 163
19. 偏心堵塞器投不进去故障有什么现象？
故障原因有哪些？如何处理？ …………… 164
20. 分层注水井测试过程中井下水嘴堵塞故障
有什么现象？故障原因有哪些？如何处理？ …… 165
21. 测试时超声波流量计故障有什么现象？
故障原因有哪些？如何处理？ …………… 165
22. 回放流量计测试数据故障有什么现象？故障原因

有哪些？如何处理？ ………………………………… 166

23. 注水井分层流量测试资料异常的原因哪些？
    如何预防？ …………………………………………… 167

24. 打捞钢丝时的故障有什么现象？故障原因有哪些？
    如何处理？ …………………………………………… 168

25. 测试仪器掉入井内的故障有什么现象？
    故障原因有哪些？如何处理？ …………………… 168

26. 卡瓦打捞筒打捞落物时的故障有什么现象？
    故障原因有哪些？如何处理？ …………………… 169

27. 测试时螺纹脱扣故障有什么现象？
    故障原因有哪些？如何处理？ …………………… 170

28. 注水井落物打捞过程中发生井下工具二次掉卡的
    故障原因有哪些？如何预防？ …………………… 171

29. 使用井下打捞矛时的常见故障原因有哪些？
    如何处理？ …………………………………………… 172

30. 油水井测试时，造成防喷管拉断事故的原因
    有哪些？如何预防？ ………………………………… 173

31. 钢丝跳槽故障有什么现象？故障原因有哪些？
    如何处理？ …………………………………………… 173

32. 钢丝拔断故障有什么现象？故障原因有哪些？
    如何处理？ …………………………………………… 174

33. 卡钻故障有什么现象？故障原因有哪些？
    如何处理？ …………………………………………… 175

34. 油水井测试过程中，发生顶钻事故的原因
    有哪些？如何处理？ ………………………………… 176

35. 钢丝在井口关断故障有什么现象？故障原因
    有哪些？如何处理？ ………………………… 176

36. 测试绞车机械计数器失灵故障有什么现象？
    故障原因有哪些？如何处理？ ……………… 177

37. 测试绞车电子计数装置失灵故障有什么现象？
    故障原因有哪些？如何处理？ ……………… 177

38. 测试绞车机械计数器及电子计数装置同时
    失灵故障有什么现象？故障原因有哪些？
    如何处理？ ……………………………………… 178

39. 钢丝从绞车计量轮处跳槽故障有什么现象？
    故障原因有哪些？如何处理？ ……………… 179

40. 联动测试过程中地面控制箱电流变化故障有什么
    现象？故障原因有哪些？如何处理？ ……… 180

41. 联动测试时井下可调堵塞器调不动故障有什么
    现象？故障原因有哪些？如何处理？ ……… 181

42. 联动测试中电缆头故障有什么现象？故障原因
    有哪些？如何处理？ ………………………… 182

43. 注水井联动测调仪调节臂故障有什么现象？
    故障原因有哪些？如何处理？ ……………… 183

44. 联动测试车载逆变电源故障有什么现象？
    故障原因有哪些？如何处理？ ……………… 184

45. 测试绞车液压系统故障有什么现象？故障原因
    有哪些？如何处理？ ………………………… 184

46. 测试绞车机械系统常见故障有什么现象？
    故障原因有哪些？如何处理？ ……………… 185

47. 测试电驱动绞车常见故障有什么现象？故障原因
　　有哪些？如何处理？ ……………………………… 187
48. 测试液压绞车动力不足故障有什么现象？故障原因
　　有哪些？如何处理？ ……………………………… 188
49. 试井绞车盘丝机构运转不正常故障有什么现象？
　　故障原因有哪些？如何处理？ …………………… 188
50. 试井绞车刹车失灵故障有什么现象？故障原因
　　有哪些？如何处理？ ……………………………… 189
51. 液压试井绞车滚筒不转动故障有什么现象？
　　故障原因有哪些？如何处理？ …………………… 190
52. 试井绞车液压系统无动力输出故障有什么现象？
　　故障原因有哪些？如何处理？ …………………… 190
53. 试井绞车辅助压力过低故障有什么现象？
　　故障原因有哪些？如何处理？ …………………… 191
54. 液压试井绞车运转时振动噪声大、压力失常
　　故障原因有哪些？如何处理？ …………………… 192
55. 液压试井绞车马达转速偏低故障原因有哪些？
　　如何处理？ ………………………………………… 192
56. 液压试井绞车气动系统常见故障有什么现象？
　　故障原因有哪些？如何处理？ …………………… 193
57. 影响测试的抽油机常见故障有什么现象？
　　故障原因有哪些？如何处理？ …………………… 193
58. 综合测试仪常见故障有什么现象？故障原因
　　有哪些？如何处理？ ……………………………… 195
59. 抽油机井测试动液面资料不合格故障有什么现象？
　　故障原因哪些？如何处理？ ……………………… 196

60. 分层注水井验封资料异常的原因有哪些？
    如何处理？ ………………………………… 197

参考文献 ……………………………………… 198

附录 …………………………………………… 199

第一部分
基本素养

企业文化

（一）名词解释

1. 石油精神：石油精神以大庆精神铁人精神为主体，是对石油战线企业精神及优良传统的高度概括和凝练升华，是我国石油队伍精神风貌的集中体现，是历代石油人对人类精神文明的杰出贡献，是石油石化企业的政治优势和文化软实力。其核心是"苦干实干""三老四严"。

2. 大庆精神：为国争光、为民族争气的爱国主义精神；独立自主、自力更生的艰苦创业精神；讲究科学、"三老四严"的求实精神；胸怀全局、为国分忧的奉献精神，凝练为"爱国、创业、求实、奉献"8个字。

3. 铁人精神："为国分忧、为民族争气"的爱国主义精神；"宁肯少活二十年，拼命也要拿下大油田"的忘我拼搏精神；"有条件要上，没有条件创造条件也要上"的艰苦奋斗精神；"干工作要经得起子孙万代检查""为革命练一身硬功夫、真本事"的科学求实精神;"甘愿为党和人民当一辈子老黄牛"、埋头苦干的无私奉献精神。

4. **三超精神**：超越权威，超越前人，超越自我。

5. **艰苦创业的六个传家宝**：人拉肩扛精神，干打垒精神，五把铁锹闹革命精神，缝补厂精神，回收队精神，修旧利废精神。

6. **三要十不**："三要"：一要甩掉石油工业的落后帽子；二要高速度、高水平拿下大油田；三要在会战中夺冠军，争取集体荣誉。"十不"：第一，不讲条件，就是说有条件要上，没有条件创造条件上；第二，不讲时间，特别是工作紧张时，大家都不分白天黑夜地干；第三，不讲报酬，干啥都是为了革命，为了石油，而不光是为了个人的物质报酬而劳动；第四，不分级别，有工作大家一起干；第五，不讲职务高低，不管是局长、队长，都一起来；第六，不分你我，互相支援；第七，不分南北东西，就是不分玉门来的、四川来的、新疆来的，为了大会战，一个目标，大家一起上；第八，不管有无命令，只要是该干的活就抢着干；第九，不分部门，大家同心协力；第十，不分男女老少，能干什么就干什么、什么需要就干什么。这"三要十不"，激励了几万职工团结战斗、同心协力、艰苦创业，一心为会战的思想和行动，没有高度觉悟是做不到的。

7. **三老四严**：对待革命事业，要当老实人，说老实话，办老实事；对待工作，要有严格的要求，严密的组织，严肃的态度，严明的纪律。

8. **四个一样**：对待革命工作要做到，黑天和白天一个样，坏天气和好天气一个样，领导不在场和领导在场一个样,没有人检查和有人检查一个样。

9. 思想政治工作"两手抓":抓生产从思想入手,抓思想从生产出发。这是大庆人正确处理思想政治工作与经济工作关系的基本原则,也是大庆人思想政治工作的一条基本经验。

10. 岗位责任制管理:大庆油田岗位责任制,是大庆石油会战时期从实践中总结出来的一整套行之有效的基础管理方法,也是大庆油田特色管理的核心内容。其实质就是把全部生产任务和管理工作落实到各个岗位上,给企业每个岗位人员都规定出具体的任务、责任,做到事事有人管,人人有专责,办事有标准,工作有检查。它包括工人岗位责任制、基层干部岗位责任制、领导干部和机关干部岗位责任制。工人岗位责任制一般包括岗位专责制、交接班制、巡回检查制、设备维修保养制、质量负责制、岗位练兵制、安全生产制、班组经济核算制等8项制度;基层干部岗位责任制包括岗位专责制、工作检查制、生产分析制、经济活动分析制、顶岗劳动制、学习制度等6项制度;领导干部和机关干部岗位责任制包括岗位专责制、现场办公制、参加劳动制、向工人学习日制、工作总结制、学习制度等6项制度。

11. 三基工作:以党支部建设为核心的基层建设,以岗位责任制为中心的基础工作,以岗位练兵为主要内容的基本功训练。

12. 四懂三会:这是在大庆石油会战时期提出的对各行各业技术工人必备的基本知识、基本技能的基本要求,也是"应知应会"的基本内容。四懂即懂设备结构、懂设备原理、懂设备性能、懂工艺流程。三会即会操作、会维修保养、会排除故障。

13. **五条要求**：人人出手过得硬，事事做到规格化，项项工程质量全优，台台在用设备完好，处处注意勤俭节约。

14. **会战时期"五面红旗"**：王进喜、马德仁、段兴枝、薛国邦、朱洪昌。

15. **新时期铁人**：王启民。

16. **大庆新铁人**：李新民。

17. **新时代履行岗位责任、弘扬严实作风"四条要求"**：要人人体现严和实，事事体现严和实，时时体现严和实，处处体现严和实。

18. **新时代履行岗位责任、弘扬严实作风"五项措施"**：开展一场学习，组织一次查摆，剖析一批案例，建立一项制度，完善一项机制。

（二）问答

1. 简述大庆油田名称的由来。

1959年9月26日，新中国成立十周年大庆前夕，位于黑龙江省原肇州县大同镇附近的松基三井喷出了具有工业价值的油流，为了纪念这个大喜大庆的日子，当时黑龙江省委第一书记欧阳钦同志建议将该油田定名为大庆油田。

2. 中共中央何时批准大庆石油会战？

1960年2月13日，石油工业部以党组的名义向中共中央、国务院提出了《关于东北松辽地区石油勘探情况和今后部署问题的报告》。1960年2月20日中共中央正式批准大庆石油会战。

3. 什么是"两论"起家?

1960年4月10日,大庆石油会战一开始,会战领导小组就以石油工业部机关党委的名义作出了《关于学习毛泽东同志所著〈实践论〉和〈矛盾论〉的决定》,号召广大会战职工学习毛泽东同志的《实践论》《矛盾论》和毛泽东同志的其他著作,以马列主义、毛泽东思想指导石油大会战,用辩证唯物主义的立场、观点、方法,认识油田规律,分析和解决会战中遇到的各种问题。广大职工说,我们的会战是靠"两论"起家的。

4. 什么是"两分法"前进?

即在任何时候,对任何事情,都要用"两分法",形势好的时候要看到不足,保持清醒的头脑,增强忧患意识,形势严峻的时候更要一分为二,看到希望,增强发展的信心。

5. 简述会战时期"五面红旗"及其具体事迹。

"五面红旗"喻指大庆石油会战初期涌现的五位先进榜样:王进喜、马德仁、段兴枝、薛国邦、朱洪昌。钻井队长王进喜带领队伍人拉肩扛抬钻机,端水打井保开钻,在发生井喷的危急时刻,奋不顾身跳下泥浆池,用身体搅拌泥浆制服井喷。钻井队长马德仁在泥浆泵上水管线冻结时,不畏严寒,破冰下泥浆池,疏通上水管线。钻井队长段兴枝在吊车和拖拉机不足的情况下,利用钻机本身的动力设施,解决了钻机搬家的困难。大庆油田第一个采油队队长薛国邦自制绞车,给第一批油井清蜡,又手持蒸汽管下到油池里化开凝结的原油,保证了大庆油田首次原油外运列车顺利启程。工程队队长朱洪昌在供水管线漏水时,用手捂着漏点,忍着灼烧的疼痛,让焊工焊接裂缝,保证了供水工程提前竣工。

6. 大庆油田投产的第一口油井和试注成功的第一口水井各是什么？

1960年5月16日，大庆油田第一口油井中7-11井投产；1960年10月18日，大庆油田第一口注水井7排11井试注成功。

7. 大庆石油会战时期讲的"三股气"是指什么？

对一个国家来讲，就要有民气；对一个队伍来讲，就要有士气；对一个人来讲，就要有志气。三股气结合起来，就会形成强大的力量。

8. 什么是"九热一冷"工作法？

大庆石油会战中创造的一种领导工作方法。是指在1旬中，有9天"热"，1天"冷"。每逢十日，领导干部再忙，也要坐在一起开务虚会，学习上级指示，分析形势，总结经验，从而把感性认识提高到理性认识上来，使领导作风和领导水平得到不断改进和提高。

9. 什么是"三一""四到""五报"交接班法？

对重要的生产部位要一点一点地交接、对主要的生产数据要一个一个地交接、对主要的生产工具要一件一件地交接。交接班时应该看到的要看到、应该听到的要听到、应该摸到的要摸到、应该闻到的要闻到。交接班时报检查部位、报部件名称、报生产状况、报存在的问题、报采取的措施，开好交接班会议，会议记录必须规范完整。

10. 大庆油田原油年产5000万吨以上持续稳产的时间是哪年？

1976年至2002年，大庆油田实现原油年产5000万吨以上连续27年高产稳产，创造了世界同类油田开发史上的奇迹。

11. 大庆油田原油年产4000万吨以上持续稳产的时间是哪年？

2003年至2014年，大庆油田实现原油年产4000万吨以上连续12年持续稳产，继续书写了"我为祖国献石油"新篇章。

12. 中国石油天然气集团有限公司企业精神是什么？

石油精神和大庆精神铁人精神。

13. 中国石油天然气集团有限公司的主营业务是什么？

中国石油天然气集团有限公司是国有重要骨干企业和全球主要的油气生产商和供应商之一，是集国内外油气勘探开发和新能源、炼化销售和新材料、支持和服务、资本和金融等业务于一体的综合性国际能源公司，在全球32个国家和地区开展油气投资业务。

14. 中国石油天然气集团有限公司的企业愿景和价值追求分别是什么？

企业愿景：建设基业长青世界一流综合性国际能源公司；

企业价值追求：绿色发展、奉献能源，为客户成长增动力、为人民幸福赋新能。

15. 中国石油天然气集团有限公司的人才发展理念是什么？

生才有道、聚才有力、理才有方、用才有效。

16. 中国石油天然气集团有限公司的质量安全环保理念是什么？

以人为本、质量至上、安全第一、环保优先。

17. 中国石油天然气集团有限公司的依法合规理念是什么？

法律至上、合规为先、诚实守信、依法维权。

 发展纲要

（一）名词解释

1. **三个构建**：一是构建与时俱进的开放系统；二是构建产业成长的生态系统；三是构建崇尚奋斗的内生系统。

2. **一个加快**：加快推动新时代大庆能源革命。

3. **抓好"三件大事"**：抓好高质量原油稳产这个发展全局之要；抓好弘扬严实作风这个标准价值之基；抓好发展接续力量这个事关长远之计。

4. **谱写"四个新篇"**：奋力谱写"发展新篇"；奋力谱写"改革新篇"；奋力谱写"科技新篇"；奋力谱写"党建新篇"。

5. **统筹"五大业务"**：大力发展油气业务；协同发展服务业务；加快发展新能源业务；积极发展"走出去"业务；特色发展新产业新业态。

6. **"十四五"发展目标**：实现"五个开新局"，即稳油增气开新局；绿色发展开新局；效益提升开新局；幸福生活开新局；企业党建开新局。

7. **高质量发展重要保障**：思想理论保障；人才支持保障；基础环境保障；队伍建设保障；企地协作保障。

（二）问答

1. 习近平总书记致大庆油田发现 60 周年贺信的内容是什么？

值此大庆油田发现 60 周年之际，我代表党中央，向大庆油田广大干部职工、离退休老同志及家属表示热烈的祝贺，并致以诚挚的慰问！

60 年前，党中央作出石油勘探战略东移的重大决策，广大石油、地质工作者历尽艰辛发现大庆油田，翻开了中国石油开发史上具有历史转折意义的一页。60 年来，几代大庆人艰苦创业、接力奋斗，在亘古荒原上建成我国最大的石油生产基地。大庆油田的卓越贡献已经镌刻在伟大祖国的历史丰碑上，大庆精神、铁人精神已经成为中华民族伟大精神的重要组成部分。

站在新的历史起点上，希望大庆油田全体干部职工不忘初心、牢记使命，大力弘扬大庆精神、铁人精神，不断改革创新，推动高质量发展，肩负起当好标杆旗帜、建设百年油田的重大责任，为实现"两个一百年"奋斗目标、实现中华民族伟大复兴的中国梦作出新的更大的贡献！

2. 当好标杆旗帜、建设百年油田的含义是什么？

当好标杆旗帜——树立了前行标尺，是我们一切工作的根本遵循。大庆油田要当好能源安全保障的标杆、国企深化改革的标杆、科技自立自强的标杆、赓续精神血脉的标杆。

建设百年油田——指明了前行方向，是我们未来发展的奋斗目标。百年油田，首先是时间的概念，追求能源主业的升级发展，建设一个基业长青的百年油田；百年油田，也是空间的拓展，追求发展舞台的开辟延伸，建设一个走向世界的百年油田；百年油田，更是精神的赓续，追求红色基因的传承弘扬，建设一个旗帜高扬的百年油田。

3. 大庆油田 60 多年的开发建设取得的辉煌历史有哪些？

大庆油田 60 多年的开发建设，为振兴发展奠定了坚实基础。建成了我国最大的石油生产基地；孕育形成了大庆精神铁人精神；创造了世界领先的陆相油田开发技术；打造了过硬的"铁人式"职工队伍；促进了区域经济社会的繁荣发展。

4. 开启建设百年油田新征程两个阶段的总体规划是什么？

第一阶段，从现在起到 2035 年，实现转型升级、高质量发展；第二阶段，从 2035 年到本世纪中叶，实现基业长青、百年发展。

5. 大庆油田"十四五"发展总体思路是什么？

坚持以习近平新时代中国特色社会主义思想为指导，深入贯彻落实党的二十大精神，牢记践行习近平总书记重要讲话重要指示批示精神特别是"9·26"贺信精神，完整、准确、全面贯彻新发展理念，服务和融入新发展格局，立足增强能源供应链稳定性和安全性，贯彻落实国家"十四五"现代能源体系规划，认真落实中国石油天然气集团有限公司党组和黑龙江省委省政府部署要求，全面加强党的领导党的建设，坚持稳中求进工作总基调，突出高质量发展主题，遵循"四个坚持"兴企方略和"四化"治企准则，推进实施以抓好"三件大事"为总纲、以谱写"四个新篇"为实践、以统筹"五大业务"为发展支撑的总体战略布局，全面提升企业的创新力、竞争力和可持续发展能力，当好标杆旗帜、建设百年油田，开创油田高质量发展新局面。

6. 大庆油田"十四五"发展基本原则是什么？

坚持"九个牢牢把握"，即牢牢把握"当好标杆旗帜"这个根本遵循；牢牢把握"市场化道路"这个基本方向；牢牢把握"低成本发展"这个核心能力；牢牢把握"绿色低碳转型"这个发展趋势；牢牢把握"科技自立自强"这个战略支撑；牢牢把握"人才强企工程"这个重大举措；牢牢把握"依法合规治企"这个内在要求；牢牢把握"加强作风建设"这个立身之本；牢牢把握"全面从严治党"这个政治引领。

7. 中国共产党第二十次全国代表大会会议主题是什么？

高举中国特色社会主义伟大旗帜，全面贯彻新时代中国特色社会主义思想，弘扬伟大建党精神，自信自强、守正创新，踔厉奋发、勇毅前行，为全面建设社会主义现代化国家、全面推进中华民族伟大复兴而团结奋斗。

8. 在中国共产党第二十次全国代表大会上的报告中，中国共产党的中心任务是什么？

从现在起，中国共产党的中心任务就是团结带领全国各族人民全面建成社会主义现代化强国、实现第二个百年奋斗目标，以中国式现代化全面推进中华民族伟大复兴。

9. 在中国共产党第二十次全国代表大会上的报告中，中国式现代化的含义是什么？

中国式现代化，是中国共产党领导的社会主义现代化，既有各国现代化的共同特征，更有基于自己国情的中国特色。中国式现代化是人口规模巨大的现代化；中国式现代化是全体人民共同富裕的现代化；中国式现代化是物质文明和精神文明相协调的现代化;中国式现代化是人与自然和谐共生的现代化;中国式现代化是走和平发展道路的现代化。

10. 在中国共产党第二十次全国代表大会上的报告中,两步走是什么?

全面建成社会主义现代化强国,总的战略安排是分两步走:从二〇二〇年到二〇三五年基本实现社会主义现代化;从二〇三五年到本世纪中叶把我国建成富强民主文明和谐美丽的社会主义现代化强国。

11. 在中国共产党第二十次全国代表大会上的报告中,"三个务必"是什么?

全党同志务必不忘初心、牢记使命,务必谦虚谨慎、艰苦奋斗,务必敢于斗争、善于斗争,坚定历史自信,增强历史主动,谱写新时代中国特色社会主义更加绚丽的华章。

12. 在中国共产党第二十次全国代表大会上的报告中,牢牢把握的"五个重大原则"是什么?

坚持和加强党的全面领导;坚持中国特色社会主义道路;坚持以人民为中心的发展思想;坚持深化改革开放;坚持发扬斗争精神。

13. 在中国共产党第二十次全国代表大会上的报告中,十年来,对党和人民事业具有重大现实意义和深远意义的三件大事是什么?

一是迎来中国共产党成立一百周年,二是中国特色社会主义进入新时代,三是完成脱贫攻坚、全面建成小康社会的历史任务,实现第一个百年奋斗目标。

14. 在中国共产党第二十次全国代表大会上的报告中,坚持"五个必由之路"的内容是什么?

全党必须牢记,坚持党的全面领导是坚持和发展中国特色社会主义的必由之路，中国特色社会主义是实现中华民族伟大复兴的必由之路，团结奋斗是中国人民创造历史伟业的必由之路，贯彻新发展理念是新时代我国发展壮大的必由之路，全面从严治党是党永葆生机活力、走好新的赶考之路的必由之路。

 职业道德

（一）名词解释

1. **道德**：是调节个人与自我、他人、社会和自然界之间关系的行为规范的总和。

2. **职业道德**：是同人们的职业活动紧密联系的、符合职业特点所要求的道德准则、道德情操与道德品质的总和。

3. **爱岗敬业**：爱岗就是热爱自己的工作岗位，热爱自己从事的职业；敬业就是以恭敬、严肃、负责的态度对待工作，一丝不苟，兢兢业业，专心致志。

4. **诚实守信**：诚实就是真心诚意，实事求是，不虚假，不欺诈；守信就是遵守承诺，讲究信用，注重质量和信誉。

5. **劳动纪律**：是用人单位为形成和维持生产经营秩序，保证劳动合同得以履行，要求全体员工在集体劳动、工作、生活过程中，以及与劳动、工作紧密相关的其他过程中必须共同遵守的规则。

6. **团结互助**：指在人与人之间的关系中，为了实现共同的利益和目标，互相帮助，互相支持，团结协作，共同发展。

（二）问答

1. 社会主义精神文明建设的根本任务是什么？

适应社会主义现代化建设的需要，培育有理想、有道德、有文化、有纪律的社会主义公民，提高整个中华民族的思想道德素质和科学文化素质。

2. 我国社会主义道德建设的基本要求是什么？

爱祖国、爱人民、爱劳动、爱科学、爱社会主义。

3. 为什么要遵守职业道德？

职业道德是社会道德体系的重要组成部分，它一方面具有社会道德的一般作用，另一方面它又具有自身的特殊作用，具体表现在：（1）调节职业交往中从业人员内部以及从业人员与服务对象间的关系。（2）有助于维护和提高本行业的信誉。（3）促进本行业的发展。（4）有助于提高全社会的道德水平。

4. 爱岗敬业的基本要求是什么？

（1）要乐业。乐业就是从内心里热爱并热心于自己所从事的职业和岗位，把干好工作当作最快乐的事，做到其乐融融。（2）要勤业。勤业是指忠于职守，认真负责，刻苦勤奋，不懈努力。（3）要精业。精业是指对本职工作业务纯熟，精益求精，力求使自己的技能不断提高，使自己的工作成果尽善尽美，不断地有所进步、有所发明、有所创造。

5. 诚实守信的基本要求是什么？

（1）要诚信无欺。（2）要讲究质量。（3）要信守合同。

6. 职业纪律的重要性是什么？

职业纪律影响企业的形象，关系企业的成败。遵守职业纪律是企业选择员工的重要标准，关系到员工个人事业成功与发展。

7. 合作的重要性是什么？

合作是企业生产经营顺利实施的内在要求，是从业人员汲取智慧和力量的重要手段，是打造优秀团队的有效途径。

8. 奉献的重要性是什么？

奉献是企业发展的保障，是从业人员履行职业责任的必由之路，有助于创造良好的工作环境，是从业人员实现职业理想的途径。

9. 奉献的基本要求是什么？

（1）尽职尽责。要明确岗位职责，培养职责情感，全力以赴工作。（2）尊重集体。以企业利益为重，正确对待个人利益，树立职业理想。（3）为人民服务。树立为人民服务的意识，培育为人民服务的荣誉感，提高为人民服务的本领。

10. 企业员工应具备的职业素养是什么？

诚实守信、爱岗敬业、团结互助、文明礼貌、办事公道、勤劳节俭、开拓创新。

11. 培养"四有"职工队伍的主要内容是什么？

有理想、有道德、有文化、有纪律。

12. 如何做到团结互助？

（1）具备强烈的归属感。（2）参与和分享。（3）平等尊重。（4）信任。（5）协同合作。（6）顾全大局。

13. 职业道德行为养成的途径和方法是什么？

（1）在日常生活中培养。从小事做起，严格遵守行为规范；从自我做起，自觉养成良好习惯。（2）在专业学习中训练。增强职业意识，遵守职业规范；重视技能训练，提高职业素养。（3）在社会实践中体验。参加社会实践，培养职业道德；学做结合，知行统一。（4）在自我修养中提高。体验生活，经常进行"内省"；学习榜样，努力做到"慎独"。（5）在职业活动中强化。将职业道德知识内化为信念；将职业道德信念外化为行为。

14. 员工违规行为处理工作应当坚持的原则是什么？

（1）依法依规、违规必究；（2）业务主导、分级负责；（3）实事求是、客观公正；（4）惩教结合、强化预防。

15. 对员工的奖励包括哪几种？

奖励种类包括通报表彰、记功、记大功、授予荣誉称号、成果性奖励等。在给予上述奖励时，可以是一定的物质奖励。物质奖励可以给予一次性现金奖励（奖金）或实物奖励，也可根据需要安排一定时间的带薪休假。

16. 员工违规行为处理的方式包括哪几种？

员工违规行为处理方式分为：警示诫勉、组织处理、处分、经济处罚、禁入限制。

17.《中国石油天然气集团公司反违章禁令》有哪些规定？

为进一步规范员工安全行为，防止和杜绝"三违"现象，保障员工生命安全和企业生产经营的顺利进行，特制定本禁令。

一、严禁特种作业无有效操作证人员上岗操作；

二、严禁违反操作规程操作；

三、严禁无票证从事危险作业；

四、严禁脱岗、睡岗和酒后上岗；

五、严禁违反规定运输民爆物品、放射源和危险化学品；

六、严禁违章指挥、强令他人违章作业。

员工违反上述禁令，给予行政处分；造成事故的，解除劳动合同。

第二部分 基础知识

 专业知识

（一）名词解释

1. **注水井**：油田开采过程中，为了补充油层能量，用来向油层注水的井。

2. **生产井**：用来开采油、气而钻的井。

3. **激动井**：在进行干扰试井时，人为地改变井的工作制度，以便对相邻井造成干扰的井。

4. **反映井**：位于激动井周围，用来观测激动井改变工作制度所造成的井底压力变化的井。

5. **正注**：注入井从油管向地层注水。

6. **反注**：注入井从套管向地层注水。

7. **合注**：由油管和套管同时向地层注水。

8. **笼统注水**：在同一注水压力下，不分层段注水的方式。

9. **分层注水**：根据油层性质的特点，把性质相近的油层合为一个注水层段，然后用封隔器把各个层段分隔开，根据不同的吸水能力，装配不同直径的井下水嘴控制注水量，即为分层注水。

10. **分层测试**：利用井下仪器与井下分隔油层的装置或工具相配合，从而取得分层压力、产量、流量和温度等同一井中不同油层资料的测试方法。

11. **分层注水测试率**：实际分层测试井数与分层注水总井数的百分比。

12. **分层注水合格率**：注水合格层段数与减去停注层时分层总层段数的百分比。

13. **注采比**：油田注入剂的地下体积与采出液量的地下体积之比。

14. **注采平衡**：油田注入剂的地下体积与采出液量的地下体积相等。

15. **注水压差**：注水井流动压力与静压力的差值。

16. **吸水指数**：单位注水压差下的日注水量。

17. **吸水指示曲线**：在稳定流动的条件下，注入压力与注入量的关系曲线。在分层注水情况下，各小层注入压力与小层注水量的关系曲线称为分层吸水指示曲线。

18. **注水强度**：单位有效厚度的日注水量。

19. **地下亏空**：注入剂的地下体积小于采出液量的地下体积。

20. **压力平衡**：注水补充给油层的压力与采油消耗的压力相等。

21. **启动压力**：注水井开始吸水时的压力。

22. **视流量**：分层测试曲线上每个停测点上所显示出的流量。

23. **视流压**：分层测试曲线上每个停测点上所显示出的

压力。

24. **管损**：注水井管线及油管内的沿程压力损失。

25. **嘴损**：注入水通过水嘴时产生的压力损失。

26. **油压**：流动压力把油气从井底经过油管举升到井口的剩余压力，简称油压。

27. **套压**：流动压力把油气从井底经过油管与套管之间的环形空间举升到井口的剩余压力，简称套压。

28. **回压**：通常所说的回压是指干线回压，它是出油干线的压力对井口油管压力的一种反压力。

29. **静压**：油井投入正式生产后，利用短期关井，井底压力不断上升，待压力恢复到稳定时所测得的油层中部压力。

30. **流压**：油井正常生产时所测得的油层中部压力。

31. **静水柱压力**：从井口到油层中部深度水柱所产生的压力。

32. **饱和压力**：溶解在原油中的天然气刚刚开始分离出来时的压力。

33. **基准面压力**：由于油层深度不同，压力也不同，为了正确地对比井与井之间压力的高低，把所有的井都折算到同一海拔深度来比较，这一相同海拔深度的压力称为基准面压力。

34. **原始地层压力**：油田未投入开发时，在最初探井内所测得的油层中部压力。

35. **总压差**：目前地层压力与原始地层压力的差值。

36. **生产压差**：目前地层压力与流动压力的差值。

37. **静压梯度**：油井关井后井底压力恢复到稳定时，每米液柱所产生的压力。

38. 压力系数：原始地层压力与静水柱压力之比。

39. 破裂压力：油（气）层岩石开始产生裂缝时的井底压力。

40. 冲程：抽油机工作时，驴头带动光杆从下死点运行到上死点时的光杆长度。

41. 冲次：抽油机驴头每分钟上下往复运动的次数。

42. 动液面：抽油机井生产稳定时，利用回声仪测得油套环形空间内液面到井口的距离。

43. 静液面：抽油机井关井后，油套环形空间内的液面高度不断上升，待上升到一定高度稳定下来，套压也无变化，这时所测得的油套环形空间内的液面至井口的距离称为静液面。

44. 沉没度：抽油泵固定阀到油井动液面之间的距离，即泵沉没在动液面以下的深度。

45. 示功图：利用示功仪在抽油机一个抽汲周期内所测取的封闭曲线，它能够了解深井泵的工作状况，反映抽油机悬点载荷随其位移的变化规律。

46. 冲程损失：随着抽油杆的往复运动，载荷不断交替转移，油管和抽油杆也不断伸长和缩短，使活塞实际运行距离小于光杆冲程长度，这一差值称为冲程损失。

47. 充满系数：抽油泵活塞完成一次冲程时，泵内进入液体的体积和活塞让出的体积之比。充满系数的大小直接关系到泵效的高低，反映着泵的实际工作效果。

48. 泵效：抽油泵的实际排量与理论排量的比值，用百分数表示。

49. 泵的理论排量：深井泵在理想的情况下，活塞一个冲程中可以排出的液量，在数值上等于活塞上移一个冲程时所让出的体积。

50. **防冲距**：抽油泵活塞运行到最低点时，活塞最下端和固定阀之间的距离。

51. **套补距**：钻井转盘（转盘位于钻井平台的一层平台）上平面到套管短节法兰上平面之间的距离。通常油井深度都是从钻盘开始往下计算的。

52. **油补距**：从油管悬挂器平面到转盘补心上平面的距离。下井工具深度等于下井工具长度与油补距之和。

53. **人工井底**：油井固井完成后，留在套管内最下部的一段水泥塞的顶面。

54. **水泥塞**：固井后，从完钻井深到人工井底这段水泥柱。

55. **水泥返高**：固井时油层套管和井壁之间环形空间内的水泥上升的高度。

56. **封隔器**：在井筒内，密封井内的工作管柱与井筒内壁环形空间的封隔工具。

57. **检泵**：抽油泵在生产过程中，会发生各种故障，一般把排除故障和调整泵的工作参数的工作统称检泵。

58. **酸化**：酸化是油气井增产、水井增注的主要手段之一，其原理是用酸液解除生产井和注水井井底附近的污染，清除孔隙、裂缝中的堵塞物质，或沟通（扩大）地层原有孔隙、裂缝，提高地层渗透率，从而实现增产增注的目的。

59. **释放**：封隔器下入井中的预定位置时，让封隔器的胶皮筒胀开，起分隔上、下油层的作用，这个过程称为释放。释放方式因封隔器和管柱结构的不同可分为机械释放和水力释放两种。

60. **压裂**：由高压泵将压裂液以超过地层吸收能力的排量注入井中，在井底造成高压，以克服最小地层应力、岩石的扩张强度与断裂韧度，使地层断裂并延伸裂缝，并由支撑剂对其进行支撑，在储层中形成一定几何形状的支撑裂缝，最终实现增产、增注的目的。

61. **注水井洗井**：把注水井井底和井筒的腐蚀物、杂质等沉淀物冲洗出来，达到井底和井筒清洁，避免油气层堵塞的一种措施称为洗井。洗井分为正洗井与反洗井两种方式。

62. **开发方式**：依靠哪种能量驱油开发油田称为开发方式，分为依靠天然能量驱油和人工补给能量驱油两种方式。

63. **注水方式**：注水井在油田的分布位置及油水井的比例关系和排列形式。

64. **井网**：油、气、水井在油（气）田的排列和分布称为井网。

65. **层间矛盾**：非均质、多油层油田开发中，由于层与层之间的渗透率存在差异，注水开发后，在吸水能力、水线推进速度、地层压力、采油速度、水淹状况等方面，层与层之间产生了差异，这种差异称为层间矛盾。

66. **平面矛盾**：一个油层在平面上由于渗透率高低不同，连通性不同。使井网对油层控制情况也不同。注水后，水线在一个方向上的推进速度也不一样，有快有慢，促成同一油层井之间含水率、产量、压力均不相同，这就构成了同一油层各井之间的差异，这种差异称为平面矛盾。

67. **层内矛盾**：在一个油层内部，由于组成油砂体颗粒不同，有大有小，因此渗透性也不相同，注水后，注入水沿阻力小的高渗透带突进，再加上地下油水黏度、表面张力、岩石表面性质的差异等，便形成了层内矛盾。

68. **单层突进**：非均质多油层油田，各小层渗透率差别很大，注入水沿高渗透层推进速度快，这种现象称为单层突进。

69. **局部舌进**：小层内部在平面上存在非均质性，各部位渗透率差别大，造成注入水的推进速度不一致，沿高渗透带推进快，这种现象称为舌进。

70. **渗透率**：在一定的压差条件下，岩石能让液体通过的能力，称为渗透性。渗透性的好坏用渗透率表示。

71. **限制层**：对高含水层、高压油层限制注水，减小层间矛盾，这样的地层称为限制层。

72. **加强层**：对低渗透油层、低含水油层、注水未见效的层段及低压层加强注水，提高它的出油能力，以充分发挥这类油层的潜力，这样的油层称为加强层。

73. **接替层**：当主力油层采出程度和含水较高，产油量开始递减时，要及时加强低渗透层的开采，弥补主力油层产油量的减少，这种在油田稳产中起接替作用的油层称为接替层。

74. **采油指数**：单位压差下的日采油量。

75. **体积系数**：质量相等的地下原油体积与地面脱气后原油体积之比。

76. **压缩系数**：单位体积原油在压力增减 0.1MPa 下，原油体积收缩或膨胀的程度。

77. **溶解系数**：在一定温度下，压力每增加 0.1MPa 时，单位体积原油或水中所溶解天然气的多少，单位为 $m^3/(m^3 \cdot MPa)$。

78. **孔隙度**：油层岩石中孔隙体积与岩石总体积的比值，它是衡量孔隙性好坏的重要指标。

79. **有效孔隙度**：油层岩石中那些相互连通的，且在一定压力条件下，允许流体在其中流动的孔隙体积与油层岩石总体积的比值。

80. **稳定流**：井底压力和流量与时间无关的渗流。

81. **采收率**：油气田采出的油气量占地质储量的百分数称为采收率，用来衡量一个油田采出油、气能力的大小。

82. **一次采油**：一般都是利用天然能量进行开采，直至油田天然能量枯竭、油井不能自喷生产为止，这一阶段的开采方式称为一次采油。

83. **二次采油**：通过注水使油藏能量恢复，可维持较长的自喷开采期，使油田采收率达到30%～40%，称为二次采油。

84. **三次采油**：当二次采油末期油田含水上升到经济极限，再用注水以外的新技术继续进行开采，称为三次采油。

85. **聚合物的降解**：由于化学、机械、细菌的作用以及温度的升高、氧的侵入而导致聚合物的视黏度下降，称为聚合物的降解。

86. **石油的凝点**：石油在一定条件下停止流动的最高温度。

87. **压力恢复试井**：不稳定试井中较常用的一种方法，可用于油井、气井和注水井。试井时，将原先以某一工作制度生产的油井、气井关井，使井底压力逐步恢复，用井下压力计测量井底压力随时间的恢复值。

88. **压力降落试井**：试井时，将关闭较长时间的井以某一稳定流量开井生产，用井下压力计记录井底压力随时间的降落值。

89. **探测液面法试井**：通过探测液面高度随时间的变化，

再把液面高度换算成井底压力，即可获得压力降落或压力恢复的试井资料。这是在没有自喷能力的井中常用的一种试井方法。

90. 脉冲试井：试井时，周期性地改变激动井（脉冲井）的生产状态（开井与关井），使其产生一系列短时压力脉冲，用高灵敏度的压力计连续记录反映井由压力脉冲引起的压力变化，这种试井就称为脉冲试井。

91. 探边测试：用较长的测试时间，使流体达到拟稳定流状态，以获得拟稳定压力降落数据的一种压力降落试井方法。

92. 干扰试井：试井时，通过改变激动井的工作制度（反复开关井操作），使周围反映井的井底压力发生变化并用高灵敏度的压力计连续记录下来，然后根据这些测试资料来确定地层的连通方向和断层的封闭程度，求出井间地层的流动系数、导压系数等参数。

（二）问答

1. 什么是试井？试井有哪些方法？

（1）试井是为加深对油层的认识，为制订合理的油田开发方案和措施而提供依据的方法。它以渗流力学理论为基础，以各种测试仪表为手段，通过对油水井生产动态的测试，研究油层各种物理参数和油水井生产能力。

（2）试井分为稳定试井和不稳定试井。

2. 试井有什么用途？

（1）计算地层参数。（2）计算地层压力。（3）探测油气边界、油水边界，计算油气井的泄油半径，确定断层位置等。（4）计算油藏储量。（5）了解井间连通情况及水动力系统情况。(6) 了解油井和油田的生产能力，确定合理的油井工作制度。(7) 了解油层温度及分布规律。(8) 了解油层油、气、水的特征。(9) 检查与判断油井、气井、水井增产措施效果。(10) 检查和判断井下工具的工作状况。

3. 试井常录取的资料有哪些？

试井常录取的资料有流压、静压、压力恢复（或降落）曲线、动液面、静液面、液面恢复曲线、井下及地面流量、分层产量、分层压力、分层取样、深井取样、高压物性取样、井下温度、井下砂面探测、井下封隔器密封性检查及抽油井示功图等。

4. 什么是稳定试井？

稳定试井也称为系统试井或稳定排出法试井，它是通过人为地改变油井工作方式，测得在各种工作方式下相应的稳定产量和压力值，并根据这些数据绘出指示曲线，从而了解油井生产能力。

5. 稳定试井有什么用途？

在油田投入开发以前的试采阶段，常用稳定试井法确定油层的产能和合理工作制度，了解油井生产压差与产量之间的关系。在注水开发的油田中常用此法获取注水井生产压差与注水量的关系曲线，分析地层吸水状况，选配合理的工作制度。在分层采油井中，各开采层合理工作制度的选择也常用稳定试井法。

6. 怎样进行稳定试井？

(1) 按由小到大的次序改变油井工作制度，一般应改变4个制度。(2) 当井底压力稳定时，测取不同工作制度下的产量、压力、气油比、油水比和出砂情况等有关资料。(3) 将录取的资料绘成指示曲线。(4) 根据指示曲线和油流方程式求出有关油井的采油指数和其他地层参数，进而确定油井的合理工作制度。

7. 什么是不稳定试井？

用改变采油井、气井、注水井的工作制度，使井底压力发生变化，根据井底压力变化资料研究油井、气井、注水井控制范围内的地层参数、井的完善程度，推算目前地层压力，判断井附近断层位置以及封闭情况等。因井底压力变化是一个不稳定的过程，故这种试井方法称为不稳定试井，其内容包括压力恢复试井、压力降落试井、探测液面法试井、变流量试井、干扰试井、脉冲试井、探边测试等。

8. 不稳定试井有什么用途？

（1）确定油层压力及分布。（2）确定地层的各项参数，如流动系数、地层系数等。（3）判断油层各种边界位置，如油水界面、断层位置、地层尖灭等。（4）判断油水井增产措施效果。（5）了解油水井井下工具的工作状况。（6）了解油层温度变化及分布规律。（7）估算油气藏边界及单井控制储量。

9. 什么是常规试井解释？

采用均质径向流油层模型和传统的单对数坐标系，将已知的压力和时间的关系采用霍纳法、MDH法处理，从而求解地层参数和地层压力的方法称为常规试井解释。

10. 分层测试有什么意义？

分层测试是了解同一井内各油层层间差异的最好方法，是实现分层研究、分层改造和分层管理的重要前提，是油井调整挖潜的重要环节。

11. 什么是指示曲线？什么是稳定试井曲线？

（1）根据稳定试井测得的油井、气井、水井产量或注入量和生产压差关系作出的曲线称为指示曲线。

（2）油井稳定试井时，每个工作制度都要取得油气水产量、流压、油压、套压、井温、含砂量等资料，用这些资料绘制的曲线称为稳定试井曲线。

12. 注水井分层指示曲线的作用是什么？

（1）反映地层吸水能力变化，为分层配水提供依据。（2）反映地层压力的回升情况。（3）检验封隔器的密封情况。（4）反映注水井井底干净程度。（5）能够发现套管外窜槽现象。

13. 什么是井身结构？它由什么组成？井身结构中各部分的作用是什么？

（1）井身结构是一口井内下入套管层数、套管直径、下入深度以及相应井段的钻头直径，各层套管外水泥浆上返高度（深度）和射孔井段等的总称。

（2）井身结构主要由下入井内的各类套管（导管、表层套管、技术套管、油层套管）及各层套管外的水泥环组成。

（3）井身结构中各组成部分的作用：

① 导管：在井身结构中下入的第一层套管称为导管。导管的作用主要是建立开钻的钻井液循环系统，钻井时是否下入导管要依据地表层的坚硬程度与结构状态来确定。下入导管的深度一般取决于地表层的深度，通常导管下入深度为 2～40m。

② 表层套管：在井身结构中下入的第二层套管称为表层套管。表层套管的作用是封隔上部松软地层和水层，加固上部疏松岩层的井壁，还供井口安装封井器用。下入深度几十米到几百米，管外水泥返至地面。

③ 技术套管：在表层套管和生产套管之间，用来封隔

表层套管以下的较复杂的地层,如高压水层、气层、漏失层或坍塌层。

④ 油层套管:用来封隔油层、气层、水层,建立一条封固严密的永久性通道,下入的深度一般应超过油层底界30m。井身结构如图1所示。

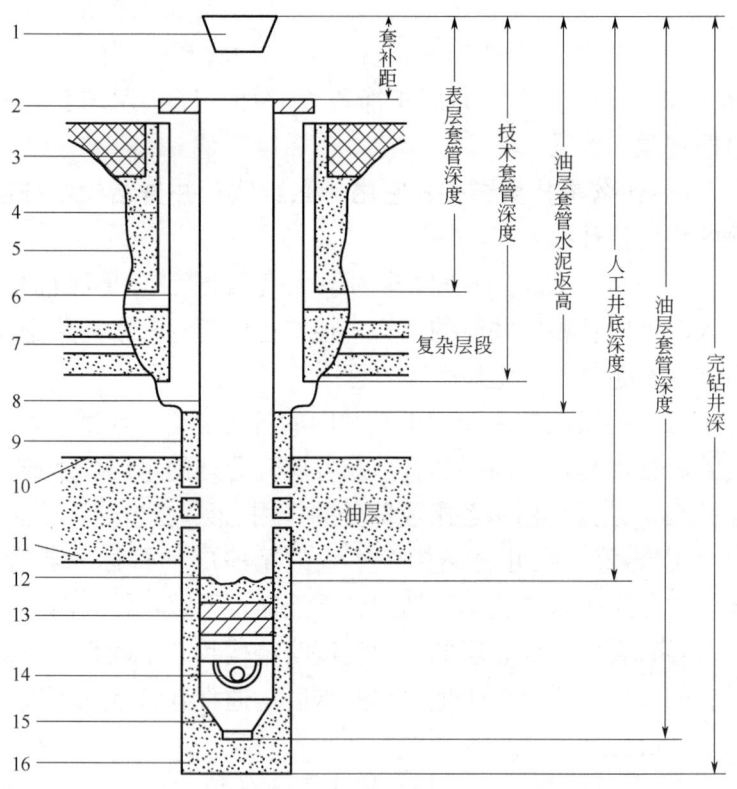

图1　井身结构示意图

1—方补心;2—套管头;3—导管;4—表层套管;5—表层套管水泥环;
6—技术套管;7—技术套管水泥环;8—油层套管;9—油层套管水泥环;
10—油层上线;11—油层下线;12—人工井底;13—胶木塞;
14—承托环;15—套管鞋;16—完钻井底

14. 封隔器的作用是什么？有哪些基本参数？

（1）封隔器的主要元件是胶皮筒，通过水力或机械的作用，使胶皮筒膨胀密封油套环形空间，把上、下油层分隔开，达到某种施工目的。

（2）封隔器的基本参数包括工作压力、工作温度、钢体最大外径和钢体的通径等。

15. 封隔器的分类有哪些？封隔器型号的编制有哪些规定？

（1）我国目前各油田所使用的封隔器型号很多，一般按照其封隔件（密封胶筒）的工作原理不同，可分为自封式（靠封隔件外径与套管内径的过盈和压差来实现密封）、压缩式（靠轴向力压缩封隔件，使封隔件直径变大以实现密封）、揳入式（靠揳入件揳入封隔件，使封隔件直径变大以实现密封）和扩张式（靠一定压力的流体作用于封隔件的内腔，使封隔件直径扩大以实现密封）4种类型。

（2）封隔器型号编制的基本方法：按封隔件分类代号、封隔器支撑方式、坐封方式、解封方式及封隔器钢体最大外径5个参数依次排列而成，如图2所示。

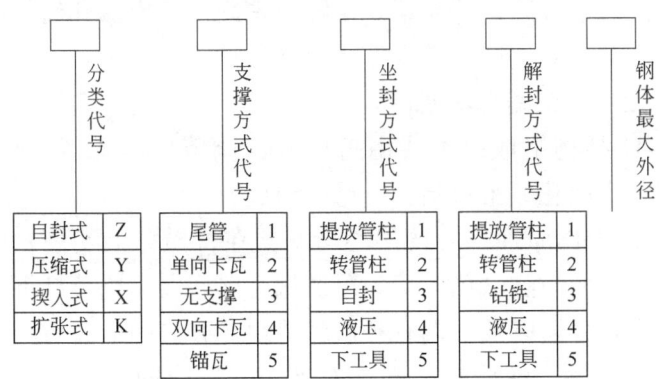

图2　封隔器分类及型号编制示意图

其中分类代号是用分类名称的第一个汉字拼音大写字母表示。支撑方式、坐封方式和解封方式均用阿拉伯数字表示。钢体最大外径则用实际尺寸的阿拉伯数字表示，单位为mm。封隔器的特殊用途可以加到封隔器型号的后面。例如：Y211-114型封隔器表示该封隔器封隔件的工作原理为压缩式、单向卡瓦支撑、提放管柱坐封、提放管柱解封、钢体最大外径为114mm。KY344-114型高压封隔器表示该封隔器有扩张式和压缩式两种封隔件、无支撑、液压坐封、（解除）液压解封、钢体最大外径为114mm的适用高压情况下（如深井压裂）的封隔器。

16. 注水井偏心堵塞器结构及工作原理分别是什么？

（1）常规偏心堵塞器。

① 结构组成：主要由主体、打捞杆、压盖、支撑座、凸轮、密封圈、出液孔、水嘴、过滤网组成。

② 工作原理：正常注水时，堵塞器靠支撑座 $\phi22mm$ 台阶。坐于工作筒导体的偏心孔上，凸轮卡于偏心孔上部扩孔处。密封段上、下各有两道密封圈，将工作筒偏心孔上下封死，注入水经堵塞器滤罩、水嘴、密封段的出液孔后经配水器偏心孔注入油层。常规偏心堵塞器如图3所示。

（2）可调偏心堵塞器。

① 结构组成：主要由打捞杆、调节块、压盖、凸轮、柱塞、出液孔、密封圈、过滤网组成。

② 工作原理：可调偏心堵塞器在打捞杆上安装六棱调节块，方便与测试仪对接。可调偏心堵塞器上调节杆下端连有孔内置弹簧以及下端有开口的滑块，开口内卡套有与其对应的螺旋轴，螺旋轴下端连有螺套，螺旋轴上依次装有卡套、挡套及弹簧，这样可将动力传输给柱塞；当转动上调节

杆时，带动螺旋轴转动，柱塞向下或向上移动，从而改变出液孔处孔眼大小，实现井下分层注水的动态调整，达到调节注水量的目的。可调偏心堵塞器如图4所示。

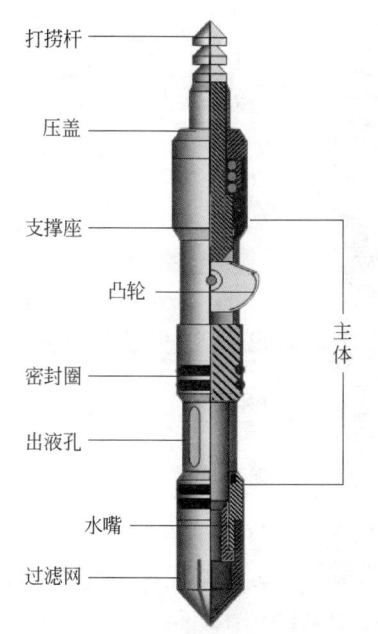 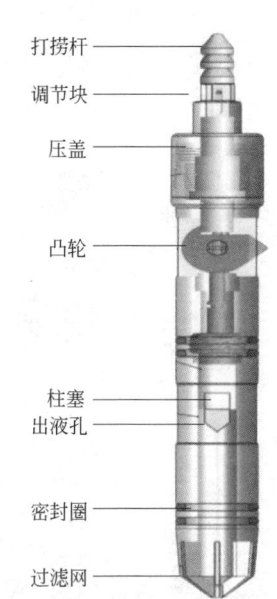

图3　常规偏心堵塞器结构示意图　　图4　可调偏心堵塞器结构示意图

17. 普通式偏心分注管柱的结构组成及特点分别是什么？

（1）此种管柱主要由油管、偏心配水器、封隔器、底部阀（又名挡球）或丝堵组成。

（2）普通式偏心分注管柱的特点：此种管柱是利用封隔器将全井各注水层段分隔开，配水器可对多层分注井实行分层配注，用钢丝投捞配水器中的堵塞器更换水嘴来实现各层段注水量的调整要求。实现在不动管柱情况下任意调换井下水嘴和进行分层测试，测试层段注水时不影响其他层段的注水。此种管柱坐封方便，解封容易，便于洗井，可多级使用。普通式偏心分注管柱如图5所示。

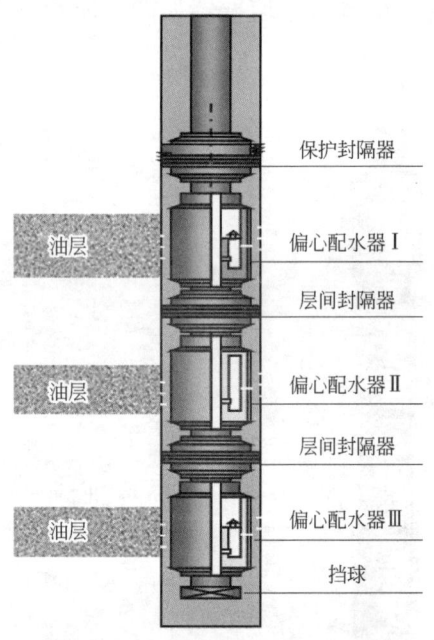

图5　普通式偏心分注管柱示意图

18. 桥式偏心分层注水管柱的结构组成是什么？测试工艺有哪些优点？

（1）结构组成：桥式偏心分层注水管柱主要由油管、Y341-114型封隔器（或Y341-114型可洗井封隔器）、桥式偏心配水器及球座等组成。

（2）测试工艺的优点：①桥式偏心配水器的主体设计有主通道、多个旁通孔和一个安装堵塞器的偏孔，可以多级使用。②在本层段进行流量或压力测试时，其他层段依然可以通过桥式通道正常注水，不改变其他层段的工作状态，最大限度地减小各层之间的层间干扰。③这种结构设计配套测试密封段使用,实现单层流量及压力测试,消除了流量叠加误差。能有效提高分层流量及压力测试的准确性。桥式偏心分层注水管柱如图 6 所示。

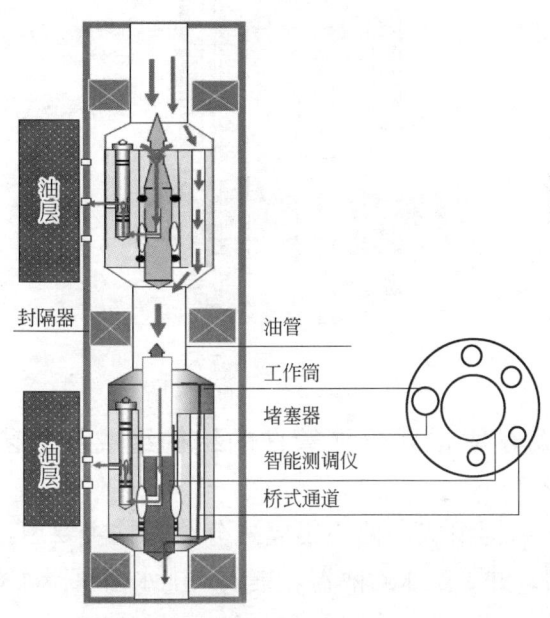

图 6　桥式偏心分层注水管柱示意图

19. 偏心集成式分注管柱的工作原理是什么?

正常注水时,配水器的主通道与桥式通道同时过水,向油层补充能量。测试时,主通道被密封段坐封,只有该层段的水经流量计、配水器过水孔,通过堵塞器水嘴,由上部的过流孔进入油套环形空间,然后进入油层。而下面层段的注水由桥式通道过流。测试、注水互不干扰。偏心集成式分注管柱注入工艺如图 7 所示。

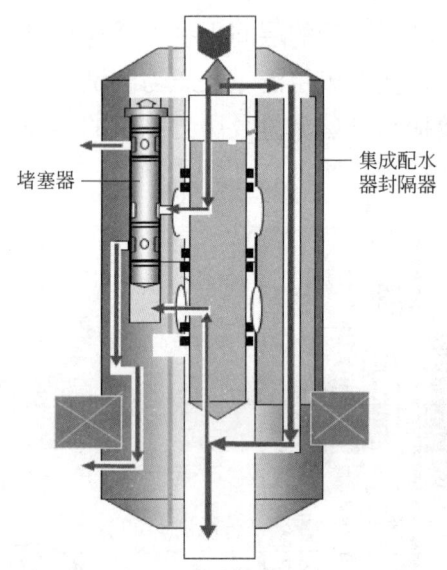

图 7　偏心集成式分注管柱注入工艺示意图

20. 偏心集成式分注管柱的结构组成及工艺特点分别是什么？

（1）结构组成：偏心集成式分注管柱主要由油管、井下封隔器、井下配水封隔器、集成式配水堵塞器（图8）、球座等组成。

（2）工艺特点：偏心集成式分注工艺是由桥式偏心、同心集成式工艺结合而成。偏心集成式分注管柱采用偏心结构设计，主要是将封隔器与配水器合二为一，即一个配水器、堵塞器给两个层段配水。在配水器中形成上下两个过流通道，一个堵塞器装有两个水嘴。通过封隔器胶筒上、下各自独立的配水通道，利用一个堵塞器对封隔器上、下两个油层进行分注。调配时，投捞一次，完成两个层段的调配。

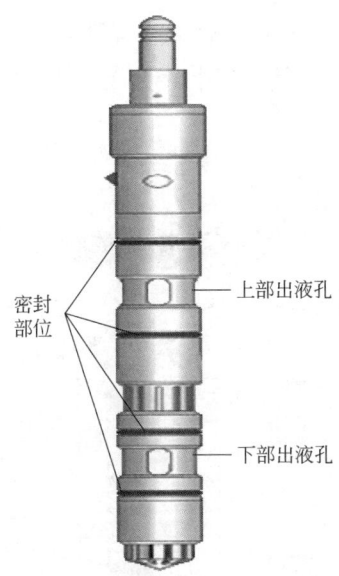

图 8　集成式配水堵塞器示意图

21. 什么是缆控分层注水工艺？

分层注水井完井时，各配注层段间智能配水器采用单芯钢管电缆连接并随油管下入，对配注段生产数据进行长期连续监测。应用单芯电缆连接地面电源及地面控制系统，为井下智能配水器供电，实现多层流量、压力和温度的实时监测及配注量自动测调。缆控分层注水工艺如图 9 所示。

22. 常用的试井设备有哪些？

常用的试井设备有单滚筒液压试井车、双滚筒液压试井车、双滚筒电驱动试井车、单滚筒机械链条式试井车、校验仪器设备和标定仪器设备。

23. 常用的试井仪器有哪些？

常用的试井仪器有直读式超声波井下流量测调仪、直读式井下电磁流量计、直读式井下电子压力计、直读式井下验封仪、直读式验封测调一体仪、存储式电子流量计、井下产（流）量计、井下温度计、井下取样器、综合测试仪和动力仪。

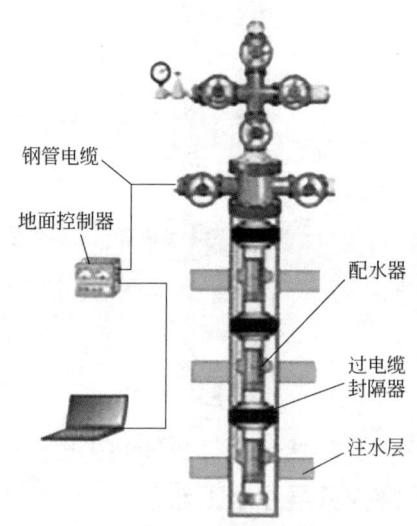

图9 缆控分层注水工艺示意图

24. 什么是井下流量计？按工作原理分为哪几种类型？

（1）用于分层采出井或分层注入井中，测试各生产层段产量或注入量的仪器称为井下流量计。

（2）井下流量计按工作原理分为浮子式流量计、涡轮式流量计、电磁式流量计、超声波式流量计等。

25. 什么是集流式流量计？

测试仪器利用密封段坐在被测井段上，使注入水的流量完全通过仪器的计量部分，从而测出流量的流量计。

26. 什么是非集流式流量计？

测试仪器只需吊在所测层位配水器以上的油管中，通过测取注入水在通过油管中的中心流速而测试出流量的流量计。

27. 如何选择三采分注井分层流量测试仪器？

由于三采分注井的注入介质聚合物的特殊性，因此三采注入井测试要选用受非牛顿流体介质影响小的电磁流量计进行井下流量测试及压力测试。

28. 流量计、压力计、示功仪、回声仪多长时间校对一次？

大庆油田有限责任公司规定流量计、压力计每两个月校对一次，示功仪、回声仪一个月校对一次。

29. 什么是投捞器？它的分类有哪些？

（1）在偏心分层测配井中专门用于打捞、投送堵塞器的工具称为投捞器。

（2）投捞器分为坐开式投捞器、提挂式投捞器和电动投捞器。坐开式投捞器必须撞击偏心管柱底部撞击头，才能释放投捞爪。而提挂式投捞器则不需要撞击管柱底部撞击头，它上提通过工作筒变径处即释放投捞爪。电动投捞器使用时根据地面发出的操作指令，可自主地完成电缆头电压、电动机电流的测量，投捞臂、导向器、支撑臂的状态检测，以及投捞臂的收拢、投入、捞出，导向器的收拢、正导、反导，支撑臂的收拢、放开、支撑下移上提控制目前常用的是提挂式投捞器。

30. 提挂式投捞器的结构和原理是什么？

（1）提挂式投捞器由绳帽、上锁轮、投捞爪、四方接头、捞头或压送头、投捞器主体、下锁轮、导向爪、导锥、弹簧、螺钉组成。

（2）提挂式投捞器的工作原理：投捞时，投捞爪的四方接头上连接打捞头或压送头，在上锁轮的作用下，收拢在投捞器主体内，导向爪在下锁轮的作用下也被收拢，下入井内，当通过要打捞或投送的层位配水器后，上提投捞器过偏心工作筒，上、下锁轮碰撞工作筒或油管接箍释放投捞爪和定位爪，下放投捞器，导向爪与工作筒导向槽配合导向，保证投捞爪上的打捞头或压送头对准偏孔，完成打捞或投送偏心堵塞器的工作。

31. 什么是堵塞器？偏心配（产）水堵塞器的作用是什么？

（1）用来控制配产或配注器液流通道的工具称为堵塞器。

（2）作用：分层配产时，堵塞器可以装上井下油嘴来控制单层产液量；分层注水时，堵塞器可安装不同直径的水嘴，来控制单层注水量；作业时，可用堵塞器装上死嘴投入工作筒，使封隔器便于卸压并可进行不压井起管柱施工；测试时，可利用堵塞器装上原层段油（水）嘴测得实际生产的流量和有关参数，也可利用堵塞器依次换装不同油（水）嘴来实现对单层流量的控制。

32. 什么是振荡器？振荡器的分类及其作用是什么？

（1）振荡器是测试过程中用于打捞井下仪器或落物的辅助工具。

（2）分类：按工作原理可分为直击机械式振荡器、机械弹簧式振荡器、水力振荡器、关节式振荡器。

（3）作用：测试调配过程中仪器、工具遇卡，用以增加打捞工具的冲击力，进行振荡解卡。

33. 测试时为什么要用振荡器？怎样增加振荡器的冲击能量？

（1）因为振荡器可用来进行解卡处理，而且方便省力，所以测试时一般要带上振荡器，以防仪器遇卡后能及时解卡。

(2)只要在振荡器上部连接加重杆即能增加振荡器冲击能量。

34. 测试接头有哪些类型？各种类型的用途是什么？

(1)测试接头的类型：关节式接头、快速接头、滚轮杆接头、加速度接头。

(2)不同的测试接头用途不同：①关节式接头用于较长的机械式仪器串下入有挠度的井中防止遇阻。②快速接头用于较长的机械式仪器串各段的连接，操作简便，可在井口把仪器串分段放入或取出防喷管。③滚轮杆接头用于长仪器串下入斜井，防止与井壁摩擦而损坏仪器。④加速度接头可减缓起下仪器时的冲击力，用以保护仪器。

35. 测试加重杆有几种？其用途和特点是什么？

(1)测试加重杆的类型：钢制普通加重杆、水银加重杆、可通过信号加重杆、附加在电缆上的加重杆。

(2)测试加重杆的用途和特点：①钢制普通加重杆用于一般仪器下井时加重。特点是接于仪器上部或下部，用一般钢材制成，结构简单加工容易，但重量较轻。目前使用的钨钢加重杆，重量比钢质加重杆增加较多。②水银加重杆可用于钢丝或电缆起下仪器。特点是单位长度具有较大的重量，但加工复杂，使用时须防止水银泄漏。③可通过信号加重杆用于电缆测试仪器的加重。特点是接在仪器上方，避免由于重力和应力而影响仪器性能。④附加在电缆上的加重杆用于电缆测试仪器的加重。特点是加工简单，可避免前述几种加重杆缺点，但应避免损坏绳帽上方的电缆。

36. 卡瓦打捞筒的用途是什么？由哪几部分组成？

(1)卡瓦打捞筒用于打捞油管内不带钢丝且外部带有伞形台阶的落物。

(2) 卡瓦打捞筒由压紧接头、卡瓦筒、弹簧、挡圈、卡瓦片组成。

37. 卡瓦打捞筒的工作原理是什么？

当接有加重杆的打捞筒下入井中，其打捞筒有一斜面。当落物的鱼顶顶住分成两片的卡瓦片向上移动时，卡瓦片上的齿夹住带鱼顶的伞形台阶。上提打捞器，靠弹簧力使卡瓦片沿斜面向下移动，抓住落物，完成打捞动作。

38. 试井绞车液压系统的结构及原理是什么？

(1) 结构：试井绞车液压系统主要由发动机、液压泵（双向变量泵）、压力调节控制阀、液压马达、液压胶管、液压仪表、液压油箱、散热器、拉力控制装置、控制气阀、气管路、气缸及其他气动辅助元件组成。

(2) 原理：发动机启动后，利用汽车底盘取力器输出动力，通过传动轴传递给绞车液压泵，通过液压传动系统带动绞车滚筒转动，液压系统的速度方向通过调节变量泵的斜盘倾角来控制，绞车滚筒的提升负荷用压力调节控制阀来控制调整，从而实现绞车上起及下放深度、速度、张力的精确控制，确保绞车精确稳定运行。

39. 电动驱动绞车的结构及工作原理是什么？

(1) 结构：电动驱动绞车主要由发动机、发电机、电动机、变频器、拉力控制装置、控制气阀、气管路、气缸及其他气动辅助元件组成。

(2) 工作原理：利用汽车底盘取力器输出动力，驱动发电机通过电气控制系统控制电动机带动试井主机运行，通过控制系统控制绞车运行状态，控制系统实现绞车电缆上起及下放深度、速度、张力的精确控制，确保绞车精确稳定运行。

40.试井钢丝绞车的例保内容有哪些？

试井钢丝绞车的例保包括一保和二保。一保 15 天一次，检查调整各部件及绞车，紧固轴承加注黄油，配合处加机油润滑；二保 6 个月一次，拆卸清洗绞车部件，更换分动箱机油。

41.注水井磁性定位测井的用途是什么？

磁性定位测井是根据井壁磁通量变化，利用磁性定位器检查井下工具深度的一种简便有效的测井方法。作业内容包括测定井下管柱中封隔器、配水器、油管位置深度等，用来检验作业施工质量。

42.测试绞车液压油多长时间更换一次？

测试绞车液压油正常情况下两年更换一次，如发现液压油变质要随时更换，对液压油位达不到规定标尺范围的要及时添加液压油。

43.试井钢丝多长时间更换一次？

正常测试情况下半年更换一次，但还要根据情况而定，如经常打捞或遇卡钢丝受力较多的情况下，若钢丝变细，钢丝的韧度变低、变脆时要随时更换。对于打扭、有死弯、砂眼及锈蚀严重的钢丝要及时更换。

44.测试电缆的用途和结构分别是什么？常用的测试电缆有哪些？

（1）用途：测试电缆主要用于吊放地面直读式电子压力计、温度计、流量计等进行井下测试，并从井下传输压力、温度、流量信号到地面仪表进行显示、记录。

（2）结构：一般由导电缆芯、缆芯绝缘层、充填物、编织层及铠装防护层构成。

（3）常用的测试电缆根据外部铠装防护层的不同主要

分为单芯钢管电缆和单芯钢丝铠装电缆。

45. 地滑轮的作用是什么？

在井口油压大于 15MPa、仪器在井下遇卡或打捞时，需安装地滑轮对钢丝运动进行导向改变井口装置的受力方向，避免因负荷过大造成井口采油树及测试防喷管拉断事故。

46. 测试滑轮的作用是什么？

（1）在测试过程中用于减少电缆、钢丝的磨损，可以延长电缆、钢丝的使用寿命。（2）在测试过程中改变电缆、钢丝的施力方向和导向作用。（3）测试时滑轮转动在上提和下放电缆和钢丝的过程中更加省力。

47. 测井电缆的机械性能有哪些指标？电缆的电气性能有哪些指标？

（1）测井电缆的机械性能指电缆的抗拉强度、耐腐蚀性、韧度及弹性等。

（2）测井电缆的电气性能指电阻、电容和电感。

48. 电缆计深装置由哪些部件组成？

电缆计深装置由支架、清零旋钮、计数器、传动软轴、后计量轮、减速传动轮、涡轮减速器、前计量轮、前导块、前压紧轮、压紧释手柄、后压紧轮及后导块等部件组成。

49. 注入井测试中仪器损坏的原因有哪些？

（1）仪器没有放在专用箱或固定在架子上，车开动后，仪器晃动或倒下。（2）仪器放入防喷管时过快，发生顿闸板。（3）提到井口时没有减速，撞击井口防喷盒。（4）上卸仪器时未使用专用扳手，用管钳上卸而把仪器损坏。（5）仪器螺纹未经常涂润滑油，致使螺纹磨损或错扣。（6）下放过快或油管深度不清撞击油管鞋。（7）进行分层测试，坐封过猛。

(8)用仪器探砂面。

50. 注入井测试中预防仪器损坏的措施有哪些？

（1）上井测试时将仪器放入专用箱或固定在架子上。（2）仪器放入防喷管时，要慢放，以免顿闸板。（3）仪器起到距井口20m时由人工手摇，使仪器慢慢进入防喷管。（4）上卸仪器，禁止用管钳。（5）每次测试时要擦洗螺纹并涂专用润滑油。（6）测试时弄清井下管柱情况，一般不得下出油管鞋。（7）进行分层测试时，接近坐封位置不得猛放。（8）不准用仪器探测砂面。

51. 调配水嘴的作用是什么？

调配水嘴的作用是实现注水井的分层定量注水。常规水嘴通过更换水嘴直径的大小来控制过流面积大小，进而控制注水量多少。而调配水嘴是通过转动调节杆控制水嘴开度大小来实现定量注水。

52. 水嘴调配选择的原理是什么？

分层注水就是在井口压力相同的情况下，利用配水嘴节流损失的大小对各层的注水量进行控制，达到分层定量注水的目的。因此，可以通过水嘴所降低的压力值来求得水嘴尺寸。

53. 注水井分层测试的目的是什么？

注水井分层测试主要用来了解油层吸水能力及其变化，了解井下工具的工作状况，以便更换井下工具，调整水井工作制度，确定增注措施。

54. 注水井为什么要调整？

分层注水井因地层情况变化而改变注水方案，如注水层段改变、配注量改变或卡点位置的改变。管柱失效（包括油管刺水，井下工具损坏、失灵）或者出现水嘴堵、刺大、刺掉等都需要进行调整，才能达到合理有效注水的目的。

55. 注水井流量的测试方法有哪些？其原理是什么？

（1）注水井流量测试方法分为非集流式测试法和集流式测试法。

（2）注水井流量的测试原理：①非集流测试时，流量计无须坐封于井下配注器的工作筒内，而是悬挂在油管中心，流体从流量计的外部或内部流过，在一定条件下测量出流体的流速而得到流体的流量。②集流测试时，井下流量计必须与测试密封段配合使用，坐封于井下配注器的工作筒内，通过密封段的聚流作用迫使油管中的流体全部由流量计内部通过，经流量计测量后，再流向下面的注水层段。

56. 什么是桥式偏心集流测试工艺？

由两段四道密封圈及过水通道组成测试密封段，下部的定向爪及自锁机构与普通密封段相同。测试时密封段坐封在井下配注器的工作筒主通道内，部分流体在密封段的作用下流过流量计内部，经流量计测量出流量后，直接注入注水层段；另一部分流体通过旁通道注入下部地层内。

57. 影响注水井吸水能力的因素有哪些？吸水能力差的井应采取哪些措施？

（1）影响注水井吸水能力的因素主要有：进行作业时压井液对地层的伤害和作业措施不当等原因造成地层渗透率下降；水质不合格；黏土矿物遇水后发生膨胀；注水压力升高。

（2）对于吸水能力差的井应采用酸化、压裂增注及水力振荡和水力射流、超声波解堵、电脉冲波解堵等井底处理措施。

58. 偏心注水井测流量前应做哪些准备？

（1）弄清管柱结构，提前洗井，清除井筒内脏物。（2）弄清配注方案要求、正常注水压力、水量、测试层段数及深度。（3）校对好压力表、水表、流量计，使其达到质量标准要求。（4）选择合适测量范围的井下流量计，准备好测试密封段。（5）准备好需要的仪器、工具，并要保证灵活好用。

59. 分层测试测各层段吸水量时为什么要避开封隔器位置而将仪器吊测在油管中？

测试中测准分层流量是分层测试中的重要环节，目前使用的非集流流量计是通过测定油管中的中心流速来测量流量，若停在封隔器中就会造成仪器与油管之间的环空通道变小、流速变快、所测取的流量偏高，造成错误的判断，所以一定要将仪器吊测在油管中。

60. 测试分层注水量时应注意什么？

（1）了解注水井管柱结构，各层段配注要求及正常注水压力和水量。（2）测试前应先洗井，清除井内脏物，待注水压力稳定后再测试。（3）测试时泵压必须保持稳定，各压力点的水量要稳定，且需稳定注水 15～20min。测试过程中油管压力必须高于套管压力 0.7MPa 以上，以保证封隔器密封（用水力压差式封隔器）。（4）测指示曲线时，应做到等压降，降压间隔 0.2～1.0MPa，每点稳定 15min，配注量在测点之中。（5）测试过程中，仪器及工具操作平稳。（6）测试过程中边测边做指示曲线，发现异常应复测。（7）分层注水井每一层必须测指示曲线，所测压力水量必须在合格范围内，分层水量之和与全井水量相等。

61. 高压试井中的"三有"是什么？

（1）有水井综合数据及管柱结构。（2）有计深装置

（机械和电子各一套）、张力指示装置，并工作状态良好。(3) 工作有明确分工，岗位固定。

62. 高压试井中的"三不关"是什么？

（1）仪器起上后，机械或电子有一套未归零位置不关。(2) 探闸板，井口听不到声音或听到声音记号没到原位置不关。(3) 三点联系不好或有一点有疑问不关（井口岗、中间岗、绞车岗）。

63. 高压试井中的"四要"是什么？

（1）张力及计深要准确，三点要联系好。(2) 井内情况要清楚，结蜡严重要通知采油工清好蜡。(3) 下井仪器要检查，各部位连接要拧紧。(4) 层位要清楚，下井的井下工具和层位工作筒要对号。

64. 高压试井中的"五不准"是什么？

（1）井口工作人员不准在井场 50m 内吸烟和动用明火。(2) 防喷管不放空或放空不通，不准卸堵头。(3) 仪器探闸板不准猛放。(4) 仪器上起到井口时，计数器未归零或死、活记号未对正不准关阀门。(5) 仪器进入防喷管内，应先关阀门至 2/3 处，探闸板，听到声音后，提起仪器，然后再关严。

65. 注水井测试资料的验收要求是什么？

（1）调配前，应在地质方案要求的注水压力下测检配资料，分别录取分层段水量及全井水量。(2) 井下流量计录取的全井水量与地面水表记录的水量误差不超过 ±8%，井下流量计测得的井口压力与压力表值的压力误差在 ±0.2MPa 以内，超过误差范围应落实原因，整改后方可进行测试。(3) 根据正常注水压力下的检配测试各层段吸水量与配注量对比，全井吸水量与对应配注水量误差

在 ±20% 以内为合格井，层段吸水量与配注水量误差在 ±30% 以内为合格层。(4) 曲线台阶清晰、无异常。每个层位采样时间不少于 3min，并上报原始数据。(5) 原始报表准确无漏项，包括井号、测试日期、流量计型号、仪器编号、量程、泵压、油压、水表水量、测试层位、视流压、视流量、分层流量、测试单位、记录人、审核人及特殊情况说明等。(6) 对吸水能力差的井，在注水压力达到上覆岩压，且水嘴已调配合理，全井水量达不到配注要求，测点又不少于 2 个，测调合格层不限多少，资料均可验收。(7) 对于在正常注水压力下，各层段水嘴调整合理的井，应采用降压法或升压法测 3 个压力点下各层段及全井吸水量，降压或升压间隔为 0.2～1.0MPa。对于低渗透油藏采用降压法或升压法测试困难的井，可采用降流量法测不同流量下各层段及全井吸水量，流量间隔及稳定时间视全井水量确定。

66. 怎样解释、计算分层注入量？

(1) 收集、整理、审核测试数据。

(2) 按递减法计算不同压力下各层吸水量及全井吸水量，并对流量资料进行综合分析评价，异常井要有总体说明。

(3) 分层吸水量的计算方法：分层吸水量等于全井口注水量乘以层段吸水量的体积分数。

(4) 各层段的视水量：

$$Q'_4 = Q_{偏4} \qquad Q'_3 = Q_{偏3} - Q_{偏4}$$

$$Q'_2 = Q_{偏2} - Q_{偏3} \qquad Q'_1 = Q_{偏1} - Q_{偏2}$$

(5) 水量校正系数：

$$b = \frac{Q}{Q'_4 + Q'_3 + Q'_2 + Q'_1}$$

(6) 各层（核实）吸水量：

$$Q_1 = bQ'_1 \qquad Q_2 = bQ'_2$$
$$Q_3 = bQ'_3 \qquad Q_4 = bQ'_4$$

式中　Q——全井注水量，m^3/d；

$Q_{偏1}$、$Q_{偏2}$、$Q_{偏3}$、$Q_{偏4}$——各层以下层段测试水量，m^3/d；

b——水量校正系数；

Q'_1、Q'_2、Q'_3、Q'_4——各层视吸水量，m^3/d；

Q_1、Q_2、Q_3、Q_4——各层（核实）吸水量，m^3/d。

(7) 桥式偏心管柱，采用集流方式测试可直接读取各层段流量值，并用累计相加法计算全井流量值。

67. 什么是压力恢复曲线和压降曲线？

压力恢复曲线是指关井时间与关井压力变化的关系曲线。压降曲线则为开井后压力下降与开井时间的关系曲线。

68. 什么是井下压力计？

在试井工作中常用来测试记录井下压力的仪器称为井下压力计。

69. 为什么要校对压力计？

为了及时检查在用仪器的精度、灵敏度和记录比例等情况，需要校对压力计。特别是机械压力计，由于其测力元件主要靠弹簧的形变来记录相应的压力值，测试次数过多，易使弹簧疲劳而降低精度，因此更应经常检定和校准。其他原理做的压力计也有类似的问题。

70. 存储式电子压力计为什么要设置采样时间表？编制采样时间的原则是什么？

（1）原因：由于电子压力计的存储能力是一定的，电池容量也有限，采样点数过多、过于密集，电量损失也越大或压力计存储空间不够，从而造成测压失败。

（2）编制原则：第一，依据测试设计，按照压力计的采样速率合理设定加密区；第二，在关井恢复后期，应尽量减少采点数。一般按照电池的工作时间来决定工作程序的编制。

71. 怎样验收及解释验封资料？

（1）资料验收：①验封方法采用"关—开—关"或"开—关—开"，如图10所示。双压力计验封时，上压力计记录的压力曲线要有明显的控井压差，验封开/关时间不少于3min。②验封资料上应有井号、日期、压力计号，并在相应位置标注验封层位。③报表填写规范、整洁，应准确填写开控井压力值，所用压力表应在有效检定期内。④密封层有一张合格卡片即可，不密封层应有复测资料。⑤有停注层的井，交到绘解室的验封资料应该是拔出死嘴、投入堵塞器后的验封结果。

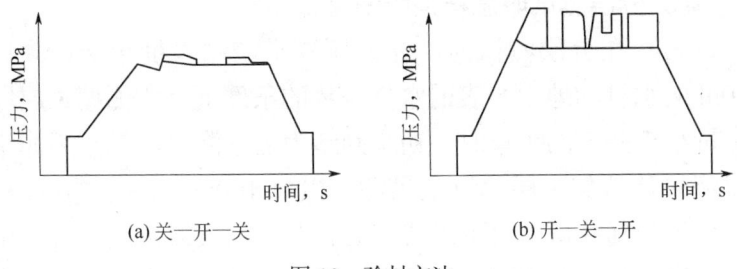

图10 验封方法

（2）资料解释：①若验封层下压力计记录的压力曲线

基本不随井口注水压力而变化，该层段解释为密封；若验封层的压力曲线随井口压力有明显变化，该层解释为不密封。②对于有复测资料的层段，若有一次验封结果为密封，那么该层解释为密封。

72. 注水井层段划分的原则是什么？

（1）以砂岩层为基础，以主要油砂体为单元，尽量做到油、水井层段相互对应，全区统一。（2）在查清油层开采状况的基础上，把主要见水层、吸水能力很高的薄层单独封卡出来，进行控制注水，减少层间矛盾，充分发挥其他层的作用。（3）在同一层段内，各小层的渗透率、含水率应力求相近，减少互相干扰。

73. 注水井调剖的目的是什么？

在注水井中注入化学剂，以降低高吸水层段的吸水量，在提高注水压力后，可达到提高中、低渗透层吸水量，改善注水井吸水剖面的目的。

74. 判断分层封隔器失效的标准有哪些？

（1）根据验封资料判断是否失效（测2次以上）。（2）根据同位素测井判断停注层是否吸水，若吸水则不密封。（3）对起出封隔器进行打压，看连接部位及密封件是否有漏失。

75. 分层测试时怎样判断油管漏失？

（1）在分层测试时，在油压稳定、注入量稳定、井口50m的水量和地面水表的水量一致的条件下，所测偏1层段水量小于井口的水量时，初步判断为油管漏失。（2）用非集流流量计从偏1层段以上吊测，以每100m为一个测试点，一直吊测到井口，就可以找到油管漏失的大概位置。（3）用验封密封段封堵偏心通道（桥式偏心除外），井口放大注水压力，水表转动说明油管有漏失。

76. 注水井测配过程中，如发生故障应如何处理？

（1）测配过程中如发生故障应停止施工，组织相关人员进行故障原因分析。（2）根据分析原因制订相应的解决方法及打捞措施，并编写打捞施工方案，报甲方同意后方可实施。（3）根据施工方案准备好所需设备、工具、用具，对施工中的突发问题应有预见性，准备应充分。（4）现场施工中，应有甲方监督人员在场，应按施工方案进行，并严格遵守各项安全技术操作规程。（5）对处理故障中遇到的突发情况，应冷静分析，妥善处理，并应征得甲方监督人员的同意，避免发生二次事故。

77. 什么是绳类落物？绳类落物主要用什么打捞工具？其分类及特点是什么？

（1）绳类落物：凡是掉入井内的钢丝、钢丝绳、电缆等均属于绳类落物。

（2）绳类落物主要采用钩类打捞工具进行打捞。

（3）常用的钩类打捞工具包括内钩、外钩、内外组合钩、单齿钩、多齿钩、活齿钩等类型，如图11所示。

（4）特点：加工制造简单、使用操作简单、打捞成功率高。内钩、外钩、内外组合钩，基本由上接头和钩体、钩子组成，上接头外径较大以防打捞绳缆时，钩体接头插入过深而卡埋接头造成更大事故。

78. 钩类落物打捞时应注意些什么？

（1）打捞时，应采用多次慢下、逐级加深、微压多提、提放旋转相间的方法。绝不能盲目快速下放或加较大重量的钻压打捞。（2）切忌将钩子插入过深。一是钩子插入过深，会使上提成团，形成"钢丝活塞"而造成卡钻事故；二是防止钢丝绳缠到上部而卡死钻具。

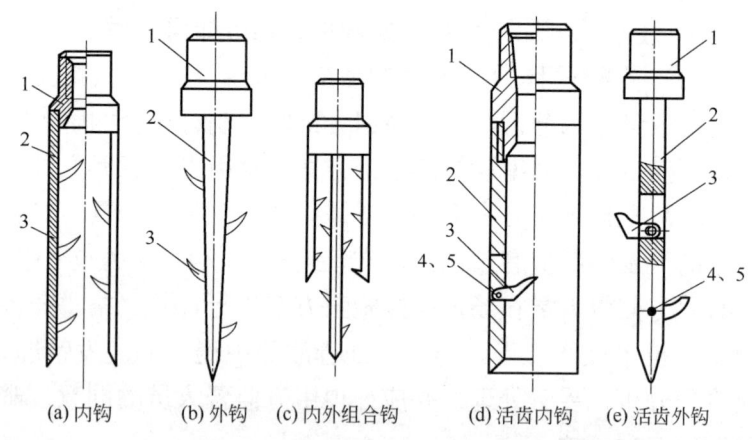

(a) 内钩　(b) 外钩　(c) 内外组合钩　(d) 活齿内钩　(e) 活齿外钩

图11　钩类打捞工具示意图

1—上接头；2—钩体；3—钩子；4—轴销；5—扭簧

79. 处理偏心堵塞器打捞杆弯曲时应注意些什么？

（1）打印模时一般应打两次，投捞器过工作筒后上提不要过高，不要猛下，以免造成印模无法辨认。（2）根据印模判断打捞杆弯曲方向及弯曲程度，采用相应方法。（3）使用扶正转向工具时，一定要按印模所探方向分左、右方向使用不同工具，不能装错。（4）对故障处理全过程应有详细记录，并有甲方监督及本测试单位领导签字备案。

80. 打捞落物前对落物井及落物应有何了解？

（1）对落物井的了解包括：①井下管柱结构清楚，井口各阀门开关灵活。②了解落物井目前生产情况，如产量，含气，气油比，出砂情况，油压、套压大小等。

（2）对落物的了解包括：①若为脱扣落物，首先确定脱扣部位，落物的结构、长度及外形特征、鱼尾扣形。②若为钢丝落物，了解断钢丝的原因（如上提仪器时钢丝拔断，地面剩余钢丝长度；钢丝在井筒内打扭拉断，钢丝在井下的拉断深度；绳结拉脱；在井口碰断或井口关断）。

81. 打捞油、水井落物时应注意些什么？

（1）下井工具必须绘制草图，注明尺寸。（2）在打捞过程中，如果一次或多次未捞上，不要一味猛顿，防止损坏鱼顶形状，给下次打捞造成困难。（3）在打捞落物过程中，无论打捞何种落物，下放和上提速度都应缓慢、平稳，不能猛刹、猛放。（4）在打捞过程中，严防再次发生井下落物，使事故扩大。（5）注意做好防喷、防火、防冻等安全工作。（6）采用加长防喷管或采用扒杆必须用绷绳加固。（7）下入的打捞工具遇卡拔不动时，应能脱卡，以便进行下步措施。（8）如用手摇绞车时必须打桩加固结实。（9）人员分工明确并由一人统一指挥。

82. 测液面的目的是什么？

（1）了解油井的供液能力，结合示功图，分析井下泵的工作状况，确定泵的合理沉没度以及判断注水效果。（2）井下液面探测是管好抽油机井的一种重要手段，并可以根据液面深度计算沉没度、流动压力、地层压力。

① 确定抽油泵的沉没度：

$$D_{沉} = D_{泵} - D_{动}$$

② 确定流压：

$$p_{wf} = p_c + \frac{(D_{油} - D_{动})\rho g}{1000}$$

③ 确定静压：

$$p_R = p_c + \frac{(D_{油} - D_{静})\rho g}{1000}$$

式中　$D_{泵}$——抽油井泵下入的深度，m；

$D_{动}$——抽油井动液面的深度，m；

p_{wf}——油井流压，MPa；

p_c——油井套压，MPa；

$D_{油}$——油层中部深度，m；

ρ——混合液体密度，t/m^3；

g——重力加速度，m/s^2，一般取 $9.8m/s^2$；

p_R——油井静压，MPa；

$D_{静}$——抽油井静液面的深度，m。

83. 测液面时应注意什么？

（1）测试井的套压不能大于回声仪连接器的额定压力。（2）推动扳手击发时，动作要平稳，记录正在进行时，应避免震动井口连接器。（3）搬运仪器测试时要轻拿轻放，防止损坏螺纹。（4）测试时排气阀与微音器间通道应清洁、干燥、畅通无阻。（5）测试井不许漏油气，测试管线弯头不能太多。

84. 影响液面测试资料准确性的因素有哪些？

（1）回声仪测试性能不稳定。（2）灵敏度调整不当，记录曲线波形不清楚。（3）操作不当，测试时液面波尚未反射到地面就关闭电源。（4）井口连接器漏气或排气阀没关。（5）测试井振动或噪声过大。（6）测试管线内有堵塞或没开套管阀。（7）微音器室气体通路有堵塞现象。

85. 测示功图的目的是什么？

通过测得的示功图，了解抽油机载荷变化及深井泵的工作情况，为选择适当的抽油参数、判断油层供液能力提供依据。

86. 示功图测试有哪些方法？

（1）悬点测试法：测试仪器安置在抽油机驴头悬点位置测示功图的方法。

（2）井下测试法：将仪器安置在井下泵位置测取示功图的方法。

（3）远传测试法：利用将光杆行程转换为电信号的角位移变送器和能将光杆负荷转为电信号的应力变送器及专门的传输通道（电缆），将油井所测示功图远传绘制的方法。常用在油井自动化集中管理中。

87. 示功图验收有哪些要求？

（1）图形适中，线条清楚，连贯封闭。（2）每张示功图应绘有上、下理论负荷线、示功图坐标。（3）每张示功图应有井号，日期，测试单位，测试人，实测冲程、冲次等参数。

88. 测试示功图时应注意些什么？

（1）了解所测井负荷大小，保证仪器承受负荷不超过最大负荷的80%。（2）严格按照操作规程进行，安装仪器时要注意站在悬绳器侧面，注意人身安全。（3）抽油机的停抽位置不当，需调整位置时，操作者要严格做好配合工作。（4）对有砂、蜡、稠油影响的井要尽量缩短停机时间，防止引起卡泵或稠油阻滞抽油杆。

89. 实测示功图受哪些因素影响？

（1）砂、蜡、水、气的影响。（2）惯性载荷、振动载荷、冲击载荷与摩擦阻力的影响。（3）漏失、断脱、设备故障、仪器故障等因素的影响。

90. 抽油杆在传递动力过程中承受哪些载荷？

在传递动力的过程中，抽油杆的负荷因抽油杆柱的位置不同而不同，上部的抽油杆负载大，下部的抽油杆负载小。抽油杆的负载通常有下列几种：

（1）抽油杆本身重量。

（2）油管内柱塞以上液柱重量。

（3）柱塞与泵筒，抽油杆与油管，抽油杆与液柱，油管与液柱之间的摩擦力。

（4）抽油杆与液柱的惯性力。

（5）由于抽油杆的弹性而引起的振动力。

（6）由于液体和活塞运动不一致或液体未充满等因素引起的冲击载荷。

91. 实测示功图上可以计算哪些参数？

（1）负荷计算（光杆最大、最小负荷）。（2）泵的理论排量。（3）泵效。（4）抽油杆柱重量（抽油杆柱在空气中、液体中的重力）。（5）液柱重量。（6）上、下理论负荷线高度。（7）冲程损失。

92. 什么是理论示功图？绘制理论示功图的假设条件是什么？

（1）理论示功图就是光杆只承受抽油杆柱与活塞截面积以上液柱的静载荷时，理论上所得到的示功图。

（2）①深井泵质量合格，工作正常。②不考虑活塞在上、下冲程中，抽油杆柱所受到的摩擦力、惯性力、振动载荷与冲击载荷等的影响，假设力在抽油杆柱中的传递是瞬间的，阀的起落也是瞬间的。③抽油设备在工作中，不受砂、蜡、水、气等因素的影响，认为进入泵内的液体不可压缩。④油井没有连抽带喷现象，油井供液能力充足，泵能够完全充满。

93. 示功图的分析有哪几种方法？

分析示功图的方法分定性分析和定量分析两种。属于定性分析的有对比相面法、面积相面法和模拟类比法等；属于定量分析或半定量分析的有拉线图解法、井下示功图转换分析法和 API 分析法等；此外还有综合分析法。

94. 示功图、动液面测试资料出现什么情况下必须进行复测？

（1）与前次示功图对比变化大，无合理解释原因的井。（2）液面资料与示功图相矛盾的井。（3）连续两次测试的动液面波动大于 ±200m，而且没有原因的井。（4）冲程、冲次变化较大，而示功图、动液面资料与生产和工作制度不符的井。（5）凡仪器操作、施工不当，以及仪器故障等影响液面曲线，使接箍波及液面波不易分辨的为不合格曲线。

95. 聚合物驱油中的一元、二元、三元指的是什么？

一元：用聚合物作为驱油剂。

二元：用聚合物和表面活性剂作为驱油剂。

三元：用聚合物、表面活性剂和强碱作为驱油剂。

96. 采油井要取全取准哪六方面的资料？

产能资料；压力资料；水淹状况资料；产出物的物理、化学性质；机械采油井的工况资料；井下作业资料。

97. 注水井要取全取准哪四方面的资料？

吸水能力资料、压力资料、水质资料、井下作业资料。

98. 系统保护油层主要包括什么？

（1）钻井、固井过程中的油层保护。（2）测井、修井过程中的油层保护。（3）增产措施中的油层保护。（4）注水过程中的油层保护。

99. 直读式电磁井下流量测调仪的工作原理是什么？

测调仪流量测量采用超声波相位差原理或法拉第电磁感应定律，调节臂（调节器）由地面仪控制其状态和动作，首先将测调仪下入预定层位，与可调堵塞器对接。根据上、下流量计的测试值，计算出当前层的实际注水量。测调仪通过单芯电缆给地面控制仪发送测量数据，同时地面控制仪通过控制不同的输出来控制测调仪，测调仪通过其上面的调节臂控制偏心配水器内的可调水嘴转动，从而调节可调水嘴的开度大小，对不同层位的流量进行调节以达到配注要求。调节完成后，收回调节臂，按上述操作顺序继续下一层测调或结束测调。

100. 判断试井电缆通信状态应注意哪些？

（1）试井电缆头与测调仪连接好后，测试绞车处的滑环连接点与地面控制箱的电源正负极相连接。连接时应注意：地面控制箱的红色夹子为正极，与滑环处的单芯电缆芯相连接；黑色夹子为负极，与电芯电缆的外壁相连接。（2）地面控制箱的电缆线与滑环处的单芯电缆连接完成后，打开地面控制箱的电源按钮，查看地面控制箱上面的电压表及电流表，接通电源后电压表显示为80V左右的电压，此时说明地面控制箱的工作电压正常。（3）当电流表由0变为几十毫安时，说明与测调仪通信正常，此时说明电缆线连接正常。（4）当电流表显示200mA以上电流时，则需查看地面控制箱与电缆连接是否正常。（5）可断开与测调仪的连接，如断开后地面控制箱显示电流正常，则说明测调仪有故障。（6）如断开后地面控制箱仍显示200mA以上电流，说明电缆线、电缆头、滑环有故障，可查看电缆线、电缆头、滑环是否有短路现象。

二、HSE 知识

（一）名词解释

1. **静电**：由于物体与物体之间的紧密接触和分离或者相

互摩擦，发生了电荷转移，破坏了物体原子中的正负电荷的平衡而产生的电。

2. **触电**：电流通过人体与大地或其他导体形成回路。

3. **单相接触**：人接触到一根火线而发生触电。

4. **两相接触**：人同时接触到两根火线而发生触电。一般情况下，两相触电比单相触电更危险。因此，在接线或接触带电设备时，应避免同时接触两根火线。

5. **跨步电压触电**：电气设备绝缘损坏或当输电线路一根导线断线接地时，在导线周围的地面上，由于两脚之间的电位差所形成的触电。

6. **电流灼伤**：人体与带电体接触，电流通过人体时，因电能转化为热能所引起的伤害，一般发生在低压电气设备上。

7. **电弧灼伤**：弧光放电造成的烧伤，是最严重的电伤，包含熔化了的炽热金属溅出造成的烫伤。电弧温度高达 $8900℃$ 以上，可造成大面积、大深度的烧伤，甚至烧焦、烧掉四肢及其他部位。大电流通过人体，也可能烘干、烧焦机体组织。它既可能发生在高压电气设备上，也可能发生在低压电气系统上。

8. **保护接零**：在正常情况下，将电气设备不带电的导电部分与低压配电网的零线连接起来，防止漏电发生触电事故。

9. **保护接地**：在正常情况下，将电气设备不带电的导电部分与接地体连接起来，防止漏电发生触电事故。

10. **闪燃**：在一定温度下，易燃、可燃液体表面上的蒸气和空气的混合气体与火焰接触时，能闪出火花，但随即熄灭，这种瞬间燃烧的过程称为闪燃。

11. 自燃：可燃物质在没有外部明火焰等火源的作用下，因受热或自身发热并蓄热所产生的自行燃烧的现象。

12. 着火：可燃物受外界火源直接作用而开始的持续燃烧。

13. 爆燃：可燃物质（气体、雾滴和粉尘）与空气或氧气的混合物由火源点燃，火焰立即从火源处以不断扩大的同心球自动扩展到混合物存在的全部空间，这种以热传导方式自动在空间传播的燃烧现象称为爆燃。

14. 爆炸极限：当可燃气体、可燃粉尘或液体蒸气与空气（氧气）混合达到一定浓度时，遇到火源就会爆炸，这个浓度范围称为爆炸浓度或爆炸极限。

15. 火灾：在时间或空间上失去控制的燃烧所造成的灾害。

16. 冷却法：将灭火剂直接喷洒在可燃物上，使可燃物的温度降低到自燃点以下，从而使燃烧停止。

17. 窒息法：使可燃物和助燃物隔绝，燃烧物得不到空气中的氧气，不能继续燃烧的方法。

18. 隔离法：限制可燃物质进入燃烧区，或将可燃物质撤离燃烧区的方法。

19. 抑制法：将化学灭火剂喷入燃烧区参与燃烧反应，使燃烧过程中产生的游离烃消失，形成稳定分子或低活性的游离烃，从而使燃烧的化学反应中断停止燃烧。

20. 受限空间作业：在封闭或部分封闭，进出口较为狭窄有限，未被设计为固定工作场所，自然通风不良，易造成有毒有害、易燃易爆物质积聚或氧含量不足的空间作业。

21. 危险化学品：具有易燃、易爆、有毒、腐蚀、放射性等危险特性，在生产、储存、运输、使用和废弃物处置过程中极易造成人身伤亡、财产损失、污染环境的化学品。

22. **噪声**：声强和频率的变化都无规律、杂乱无章的声音。

23. **高处作业**：凡是在坠落高度基准面 2m（含 2m）以上，有可能坠落的高处进行的作业。

24. **最低着落点**：在作业位置可能坠落到的最低点。

25. **坠落高度基准面**：坠落到最低着落点的水平面。

26. **作业高度**：作业区各作业位置至相应坠落高度基准面的垂直距离中的最大值。

27. **可能坠落的范围**：以作业位置为中心，可能坠落范围半径为半径画成的与水平面垂直的柱形空间。

28. **可能坠落范围半径**：为确定可能坠落范围而规定的相对于作业位置的一段水平距离。

29. **基础高度**：以作业位置为中心，6m 为半径，画出的垂直于水平面的柱形空间内的最低处与作业位置间的高度差。如表 1 所示。

表 1　可能坠落范围半径（R）与基础高度（h_b）的关系表

基础高度，m	2～5	5～15	15～30	>30
可能坠落范围半径，m	3	4	5	6

30. **应急预案**：面对突发事件如自然灾害、环境公害及人为破坏的应急管理、指挥、救援计划等。它一般应建立在综合防灾规划上。其几大重要子系统为：完善的应急组织管理指挥系统，强有力的应急工程救援保障体系，综合协调、应对自如的相互支持系统，充分备灾的保障供应体系，体现

综合救援的应急队伍等。

(二) 问答

1. 抽油机操作中的主要风险有哪几点？

（1）触电。（2）机械伤害。（3）高空坠落。（4）火灾。

2. 游梁式抽油机存在哪十大危险？

（1）平衡块旋转危险。（2）皮带传动危险。（3）减速箱高处作业危险。（4）电动机漏电危险。（5）操作台高处作业危险。（6）电动机电缆漏电危险。（7）节电控制箱漏电危险。（8）刹车失灵危险。（9）毛辫子悬绳器危险。（10）攀梯危险。

3. 抽油机井采油生产过程中容易发生哪些人身伤害事故？

抽油机井采油生产过程中容易发生机械伤害事故和物体打击类伤害事故。

机械伤害类事故主要有：(1) 挤压伤：曲柄、平衡块、光杆等部件在旋转或往复运动中，人体被其夹住而挤压受伤。(2) 碰伤：人与往复运动部件、物体如驴头、悬绳器等发生碰撞而受到伤害。(3) 绞伤：如皮带轮、联轴器等部件在运动中，运动部件将衣物、头发、抹布等挂住，进而造成人体被其卷进而拧绞受伤。

物体打击类伤害事故主要有。(1) 飞物伤人：丝杠、卡瓦、压力表盘等物体在外力的作用下发生运移，打击人体，造成人身伤亡事故。(2) 落物伤人：设备或建筑高处的物体如钢板、螺栓、锤等在重力的作用下发生运移，打击人体，造成人身伤亡。(3) 高压打击：高压液体或气体意外释放喷出，直接作用于人体造成伤害。

4. 低压测功图时的安全注意事项有哪些？

（1）测试前应了解电源线路及电压，电压必须与仪器熔断丝熔断的电压相符，以免烧毁仪器。（2）必须认真执行停启抽油机操作规程。（3）雨天操作仪器需戴绝缘手套，穿绝缘靴，以防漏电伤人。（4）一般不准使用卡瓦卡光杆。（5）测试过程中，不管出现任何故障，必须先停抽油机，再进行处理和排除。不允许抽油机在运转的情况下进行任何处理或故障排除。在抽油机平衡块附近工作时，要特别注意安全。（6）在结蜡、出砂严重的井上测试时，操作要迅速，停抽油机时间要短，以免卡泵。（7）装卸仪器时，若悬绳器上、下夹板顶开的高度不够，不准强行装卸，装好仪器后，必须锁好安全锁，防止遇卡时摔坏仪器。（8）测试时，操作者应站在安全位置，不许正面对着驴头及悬绳器，以防卡泵时仪器甩出伤人。（9）禁止在井口吸烟或点明火。

5. 测试时为何要使用警示标志？

（1）禁止非工作人员进入警示区域，避免发生人员伤害。（2）警示操作人员杜绝违章指挥和违章操作。

6. 注水井测试时如何避免物体打击类事故的发生？

（1）井口岗在高处作业时，禁止乱扔工具、仪器或其他物料，禁止同地面人员抛接工具等。（2）手持工具和零星物料应随手放在工具袋内，禁止在防喷管操作台、井口阀及大法兰等位置上放置工具、仪器等物品。（3）在传送仪器及工具时，一定要注意相互间的配合，相互呼唤确认对方抓牢后方可放手。（4）严禁操作使用带"病"设备、工具及仪器等。（5）排除设备绞车故障或清理油污，必须在停机状态下进行。（6）开关阀门要注意避让阀门及防喷管放空阀等部位。（7）禁止用低压管、阀代替高压管、阀使用。

7. 操作测试绞车时要遵守哪些基本安全操作守则?

(1) 工作前要穿好紧身工作服,袖口扣紧,长发要盘入工作帽内,操作旋转设备时不能戴手套。(2) 测试绞车在运行前、运行中要按规定进行安全检查,查看是否有由于振动而造成松动的部件。(3) 严禁测试绞车带故障运行。(4) 测试绞车的安全装置必须按规定正确使用,严禁将其拆掉不用。(5) 测试绞车运转时,防护外罩要装好,绞车间内禁止站人。(6) 测试绞车在运转时,严禁用手调整(包括调整钢丝、电缆)或对绞车进行修理、清扫等工作。如必须进行时,则应停车、熄火后进行。(7) 测试绞车运转时,操作者不得离开工作岗位,以防发生问题无人处置。

8. 机械伤害的消减措施是什么?

(1) 按规定正确穿戴齐全各种劳动保护用品,操作前对所用工用具仔细检查,正确使用,平稳操作。(2) 对于制动设备,应注意检查其制动效果和制动设备的安全性,并及时挂好警示标牌。(3) 应严格按照操作规程进行操作,并提高操作人员自身安全意识。

9. 钢丝测试过程中安全注意事项有哪些?

(1) 现场测试过程中,当仪器起到井口时,一定要探闸板,听到声音后,才能关死阀门。(2) 在作业井测试时,操作人员必须戴安全帽,以防井架上落物伤人。(3) 操作试井绞车挂离合器前,必须将绞车摇把拉出,以免伤人。(4) 禁止用管钳、扳手或其他金属器械在井口猛烈敲打,以免造成井口损坏及打出火花引起井口漏气部位着火。(5) 不要用棉纱、毛毡等物在密封填料压帽与滑轮之间擦抹钢丝上油污,防止扎手或钢丝跳槽。(6) 在稠油井、高凝油井测试时,防喷管需用绷绳加固或同时用地滑轮导向,以免负荷过重造成事故。（7）井场内不准吸烟或点明火。（8）开关阀门要平稳，严禁身体正对阀门进行开关操作。（9）仪器通过油管鞋时，放慢起下速度，最好用手摇绞车使仪器进入油管鞋上 20m 后，改为机动绞车上起，防止仪器碰到油管底部拉断钢丝，造成落物事故。（10）对高产井、气油比高的井，下放仪器需加重，防止顶钻发生。

10. 电缆测试时的安全注意事项有哪些？

（1）每次测试要检查深度指示器的性能。有条件同时配备电子深度指示器或 CCL 接箍定位器。（2）必须安装指重器，并规定拉力工作范围。（3）仪器起到井口后，要确定无误方可关井。（4）井口操作人员要戴安全帽。（5）井场内不准吸烟，不准用明火，不准用工具或金属物敲打井口。（6）电气设备要有专人负责，定期巡回检查。

11. 引起仪器电池爆炸的原因有哪些？

（1）电池筒密封件失效，造成地层液体进入电池筒，使电池短路而发生爆炸。（2）地层温度太高，超过了电池的额定温度指标。（3）电子压力计控制程序的加密区设置太长，使工作电流所产生的持续高温在地层中来不及散发，致使电池发生爆炸。（4）充电时间过长，或充电器电流过大致使电池发生爆炸。（5）仪器电池存放位置不当，造成电池温度过高而发生爆炸。

12. 如何避免高温电池爆炸？

（1）下井仪器要仔细检查电池筒的密封圈和支承环，一旦有问题应立即更换。（2）在编制压力计的控制程序时不要将加密区设置得太长，以免电池供电电流所产生的热量由于采点过于频繁而无法散发。（3）起下仪器时不要猛提猛刹，防止碰撞而使电池筒变形造成不密封。（4）拆装仪器时要轻拿轻放，电池充电时，充电时间不宜过长。（5）电池要低温存放，不能在日光下暴晒或靠近火源。

13. 遇到什么天气不得从事露天高处作业？

遇 5 级以上大风或大雪、大雨、大雾等恶劣天气时，不得从事露天高处作业。

14. 高处作业常见的事故类型有哪些？

（1）操作人员从高空坠落。（2）物体从高处落下，打在下面的工作人员或过路行人的身上，造成伤亡事故。（3）登高作业时触及架空电线，发生触电事故。

15. 高处坠落的消减措施是什么？

（1）做好防腐工作并定期检查。（2）严禁两人同时在一个梯子上工作，登高 2m 以上须至少 2 人操作，一人登高，一人监护，严禁单岗作业。（3）冰雪天气操作前做好防滑措施。

16. 预防物体打击的安全技术措施有哪些？

（1）正确使用安全帽、安全网。（2）合理组织交叉作业，采取防护措施。（3）拆除作业有监护措施，有施工方案，进行安全交底。（4）安全通道口、安全防护棚搭设双层防护，符合安全规范要求。（5）高处作业应进行交底，工具入袋，严禁抛物。

17. 高处作业有哪些安全规定？

（1）参加高处作业的人员必须要身体健康，一般有高血压、心脏病、深度近视等人严禁进行高处作业。（2）登高 2m 以上作业时，必须扎戴好安全带。安全带要拴在牢固的地方，安全带使用前要认真检查。（3）施工人员进行高处作业所用工具必须系好保险绳，防止使用时脱手坠落伤人。（4）高处作业人员严禁随意往下扔东西，放物件时，必须用绳索拴好慢慢放下。(5) 高处作业时，严禁在滑车绳之间或其他能活动的物件上停留。(6) 在高空脚手架上搭设跳板时，一定要把两头绑牢，严禁出现探头板子。(7) 雨天高处作业必须采取绝对安全防滑措施。(8) 夜间组织高处作业时，必须要有足够的照明设备。

18. 什么是安全防护用品？安全防护用品分为哪几类？

(1) 安全防护用品也称劳动防护用品，是指在施工作业过程中能够对作业人员的人身起保护作用，使作业人员免遭或减轻各种人身伤害或职业危害的用品。

(2) 安全防护用品分为防坠落安全防护用品、防触电安全防护用品和其他安全用具 3 类。①防坠落安全防护用品主要有安全带、安全帽、安全网、安全自锁器、速差自控器、水平安全绳、防滑鞋等。②防触电安全防护用品主要有电容型验电器、绝缘杆、绝缘胶垫、绝缘靴、绝缘手套、防静电服等。③其他安全用具主要有脚扣、登高板、梯子、安全围栏、临时遮拦和安全标志等。

19. 安全防护用品的基本要求是什么？

单位应建立包括购置、验收、登记、发放、保管、使用、更换和报废等内容的安全防护用品管理制度，安全防护用品应由专人管理，定期进行检查，并按照国家有关规定及时报废、更新。

(1) 安全防护用品的购置：购置安全帽、安全带、安全网等安全防护用品，施工单位应当查验其生产许可证和产品合格证。经查验，不符合国家或行业安全技术标准的产品，不得购置。

(2) 安全防护用品的发放：安全防护用品的发放和管理，坚持"谁用工谁负责"的原则。作业人员所在企业必须按国家规定发放安全防护用品，更换已损坏或已到使用期限的安全防护用品。

（3）安全防护用品的检查：施工单位对安全防护用品要定期进行检查，发现不合格产品应及时进行更换。

20. 什么是安全帽？

安全帽是指防止冲击物及其他特定因素伤害头部的防护用品。其由帽壳、帽衬、下颏带和附件组成。制作帽壳的材质主要有低压聚乙烯、ABS（工程塑料）、玻璃钢及竹藤等。

21. 安全帽使用时应检查的内容有哪些？

在佩戴安全帽前，应对以下主要项目进行检查，发现不符合要求的，应立即更换：（1）是否有产品合格证，应选用经有关部门检验合格的安全帽，并保证在使用有效期内。（2）帽衬的帽箍、吸汗带、缓冲垫和衬带等部件是否齐全有效。（3）帽壳是否有破损。（4）下颏带的系带、锁紧卡等部件是否齐全有效。

22. 安全帽的使用注意事项有哪些？

（1）使用前应根据自己的头型将帽箍调至适当位置，避免过松或过紧。（2）将帽衬衬带位置调节好并系牢，帽衬的顶端与帽壳内顶之间应保持20～50mm。（3）安全帽的下颏带必须扣紧贴下颏松紧适度，以防帽子滑落、碰掉。（4）帽壳设有通气孔的安全帽，使用时不能为了透气而随便再行开孔。（5）安全帽不得擅自改装。（6）不得在安全帽内再佩戴其他帽子。（7）安全帽不用时，不宜长时间在阳光下暴晒，需放置在干燥通风的地方，远离热源。（8）低压聚乙烯、ABS（工程塑料）安全帽不得用热水浸泡，不得放在暖气片、火炉上烘烤，以防帽体变形。（9）使用过程中要经常进行外观检查，如果发现帽壳与帽衬有异常损伤或裂痕，或帽衬与帽壳内顶之间的距离达不到标准要求，不得继续使用。

23. 什么是安全带？安全带分为哪几类？

（1）在高处作业、攀登及悬吊作业中固定作业人员位置，防止作业人员发生坠落或发生坠落后将作业人员安全悬挂的个体坠落防护装备的系统。（2）安全带分为围杆作业用安全带、区域限制用安全带、坠落悬挂用安全带。

24. 安全带佩戴和使用时应注意些什么？

（1）安全带必须高挂低用，也就是说安全带要挂在上方牢固可靠处，高度不低于腰部；杜绝低挂高用。（2）要束紧腰带，腰扣组件必须系紧、系正。（3）利用安全带进行悬挂作业时，不能将挂钩直接勾在安全带绳上，应勾在安全绳的挂环上。（4）安全带要拴挂在牢固的构件或物体上，要防止摆动或碰撞，绳子不能打结使用。（5）禁止将安全带挂在带尖锐角的构件上或不牢固的物件上；避免明火和刺割。（6）使用同一类型安全带，各部件不能擅自更换。（7）受到严重冲击的安全带，即使外形未变也不可再使用。（8）严禁使用安全带来传递重物。

25. 什么是挂梯？其分类有哪些？

挂梯在高处作业中十分常见，是一种在不适合设置悬吊设备、设施，且使用时间较长的情况下使用的攀爬设施。

26. 在进行登梯作业时，必须遵守哪些规定？

（1）使用的梯子必须坚固完整，有专人按公司有关规定加强管理，使用前应进行检查。梯子支柱必须能承受工作人员携带工具攀登时的总重量，梯阶的距离不应大于40cm。（2）在梯子上作业时，梯与地面的斜度为60°左右，工作人员必须登在距梯顶不少于1m的梯登上工作。严禁两人同时在梯上作业。(3) 如梯子长度不够而需将二架梯子连接使用时,必须用金属卡子接紧或用铁丝绑接牢固。(4) 在工作前须将梯子安置稳固,不可使其动摇或倾斜过度,梯脚应采取防滑措施(包脚)。(5) 靠在管子上或金属筒体上使用的梯子,其上端必须用绳索或铅丝扎住,人在梯子上工作时,严禁移动梯子。(6) 人字梯必须具有坚固的铰链和限制开度在 30°～60°的拉索。

27. 高处作业高度的区段有哪些?

高处作业分为四级(作业高度用 h_w 表示)。(1) 一级高处作业:$2m \leqslant h_w < 5m$。(2) 二级高处作业:$5m \leqslant h_w < 15m$。(3) 三级高处作业:$15m \leqslant h_w < 30m$。(4) 特级高处作业:$h_w \geqslant 30m$。

28. 高处作业人员的安全职责是什么?

因为高处作业的高危险性,特种作业人员必须严格遵守其安全生产职责,严防事故发生。(1) 认真执行有关安全生产规定,对所从事工作的安全生产负直接责任。(2) 各岗位专业人员必须熟悉本岗位全部设备和系统,掌握构造原理、运行方式和特性。(3) 在值班、作业中严格遵守安全操作的有关规定,并认真落实安全生产防范措施,不准违章作业,发现违章作业应制止,对违章作业领导要提出意见,并向有关领导或部门反映。(4) 严格遵守劳动纪律,不迟到、不早退,提前进岗做好班前准备工作,值班中未经批准,不得擅自离开工作岗位。(5) 工作中不做与工作任务无关的事情,不准擅自乱动与自己工作无关的机具设备和车辆。(6) 经常检查作业环境及各种设备、设施的安全状态,保证运行、备用、检修设备的安全,以便及时发现问题及检查各种设备设施技术状况是否符合安全要求,当发现设备发生异常和缺陷时，应立即进行处理并及时联系汇报，不得让事态扩大。（7）定期参加班组或有关部门组织的安全学习，参加安全教育活动，接受安全部门或人员的安全监督检查，积极参与解决不安全问题。（8）发生因工伤亡及未遂事故要保护现场，立即上报，主动积极参加抢险救援。

29. 发生高处坠落怎样急救？

（1）去除伤员身上的用具和口袋中的硬物。（2）在搬运和转送过程中，颈部和躯干不能前屈或扭转，而应使脊柱伸直，绝对禁止一个抬肩一个抬腿的搬法，以免发生或加重截瘫。（3）创伤局部妥善包扎，但对疑颅底骨折和脑脊液漏患者切忌做填塞，以免导致颅内感染。（4）颌面部伤员首先应保持呼吸道畅通，撤除假牙，清除移位的组织碎片、血凝块、口腔分泌物等，同时松解伤员的颈、胸部纽扣。维持呼吸等待医护人员急救。（5）复合伤要求平仰卧位，保持呼吸道畅通，解开衣领扣。（6）周围血管伤，压迫伤部以上动脉至骨骼。直接在伤口上放置厚敷料，绷带加压包扎以不出血和不影响肢体血循环为宜。当上述方法无效时可慎用止血带，原则上尽量缩短使用时间，一般以不超过1h为宜，做好标记，注明上止血带时间。（7）有条件时迅速给予静脉补液，补充血容量。（8）快速平稳地送医院救治。

30. 直接引起坠落的客观因素有哪些？

（1）阵风风力5级（风速8.0m/s）以上。（2）高温作业环境。（3）平均气温不高于5℃的作业环境。（4）接触冷水温度不高于12℃的作业。（5）作业场所有冰、雪、霜、水、油等易滑物。（6）作业场所光线不足，能见度差。（7）作业活动范围与危险电压带电体的距离小于表2的规定。（8）摆动，立足处不是平面或只有很小的平面，即任一边小于500mm的矩形平面、直径小于500mm的圆形平面或具有类似尺寸的其他形状的平面,致使作业者无法维持正常姿势。(9)强体力劳动。(10)存在有毒气体或空气中含氧量低于19.5%的作业环境。(11)可能会引起各种灾害事故的作业环境和抢救突然发生的各种灾害事故。

表2 作业活动范围与危险电压带电体的距离

危险电压带电体的电压等级,kV	距离,m
≤10	1.7
35	2.0
63~110	2.5
220	4.0
330	5.0
500	6.0

31. 石油、天然气对人体的毒害作用是什么?

(1)原油、油砂属于石油类污染物。原油落地后与地面的水、砂、泥土形成混合物,当暴露在空气中时,其中的轻烃会挥发进入大气,造成大气污染。原油渗入土壤后,会造成土壤和地下水体污染,影响农业生产和人体健康。石油产品所含有的石油气、苯和芳香烃、硫化氢都具有一定的毒性,当达到人体中毒极限,被人体吸入后将会导致人体中毒。

(2)天然气中的硫化氢对人体有害,其次天然气的主要成分是甲烷,不完全燃烧时产生一氧化碳,加上通风不良也可以导致人员中毒,且天然气是易燃气体,稍不留意,就有着火爆炸的危险。

32. 对日常工作中经常进入 H_2S 风险区域的工作人员有哪些要求？

（1）识别潜在的 H_2S 危害。（2）熟练掌握各种类型呼吸器材的使用方法。（3）熟练掌握检测仪报警时应该采取的行动和措施。（4）熟练掌握 H_2S 紧急泄漏的处理程序。

33. 在产有毒气体的井上测试时有哪些注意事项？

（1）用最少的人员。测试前召开专门的安全会，强调人员防护设备的使用和制订急救措施。（2）测试前认真检查，准备好应急呼吸器。（3）测试前认真检查好有毒气体检测仪。（4）产出气体含硫化氢时，应使用抗硫钢丝（电缆）、抗硫防喷管和抗硫防喷盒。（5）测试期间产出的气体应排出并用燃烧器烧掉。

34. 有毒有害气体泄漏时的处理程序是什么？

（1）现场发现有毒有害气体泄漏、有人员中毒或监测仪器发出警报时，应立即发出撤离信号，和其他人员一起向安全区域（毒气源上风口）撤离，现场负责人清点人数，并向本单位领导和医院报告。（2）救助人员要正确佩戴安全防护设备（如正压式空气呼吸器等）后，在保证自身安全的情况下，迅速使中毒人员脱离有毒有害气体区域，将其转移到安全的空气新鲜处。有条件应立即配给氧气并送医院抢救。（3）在保证安全的前提下（如佩戴正压式空气呼吸器后），迅速关井，切断毒气源。（4）在保证安全的前提下，现场负责人应组织人员进行警戒，防止其他人员进入危险区域。

35. 气体中毒应急处理应注意些什么？

（1）救助人员不得在未采取有效保护措施的情况下，擅自对中毒者进行救护。（2）使用正压式空气呼吸器时要注意密封，防止有毒气体进入。（3）使用正压式空气呼吸器时，要注意使用时间，防止缺氧造成窒息或中毒。（4）对中毒休克者，必须首先打开其呼吸通道。（5）采用口对口人工呼吸时，要防止发生救助者二次中毒。（6）不能轻率终止对中毒者的急救。

36. 安全用电的措施有哪些？

（1）手潮湿（有水或出汗）不能接触带电设备和电源线。（2）各种电气设备，如电动机、启动器、变压器等金属外壳必须有接地线。（3）电路开关一定要安装在火线上。（4）在接、换熔断丝时，应切断电源。熔断丝要根据电路中的电流大小选用，不能用其他金属代替熔断丝。（5）正确选用电线，根据电流的大小确定导线的规格及型号。（6）人体不要直接与通电设备接触，应用装有绝缘柄的工具（绝缘手柄的夹钳等）操作电气设备。（7）电气设备发生火灾时，应立即切断电源，并用二氧化碳灭火器灭火，切不可用水或泡沫灭火器灭火。（8）高大建筑物必须安装避雷器，如发现温升过高，绝缘下降时，应及时查明原因，消除故障。（9）发现架空电线破断、落地时，人员要离开电线地点 8m 以外，要有专人看守，并迅速组织抢修。

37. 发生人身触电应怎么办？

（1）迅速切断电源。（2）若无法立即切断电源时，用绝缘物品使触电者脱离电源。（3）保持呼吸道畅通。（4）立即呼叫"120"急救电话，请求救治。（5）如呼吸、心跳停止，应立即进行心肺复苏。（6）妥善处理局部电烧伤的伤口。

38. 什么是电伤？电伤分几类？

（1）电伤是电流的热效应、化学效应、机械效应等对于人体所造成的危害，最常见的为电烧伤。

（2）电伤主要分为电流灼伤和电弧烧伤两种类型。

39. 防止静电有哪几种措施？

（1）增加湿度。（2）采用感应式静电消除器。（3）采用高压电放电式消除器。（4）采用离子流静电消除器。（5）采用防静电鞋。（6）采用防静电服经地面导电。

40. 为什么静电能将可燃物引燃？

因为可燃性气体及蒸气与空气混合的最小引燃能量为 0.009mJ，可燃性气体与氧气混合的最小引燃能量为 0.0002～0.0027mJ，粉尘的最小引燃能量为 5～60mJ，通常静电放出的电火花能量，完全能使可燃物引燃。

41. 怎样识别触电的危险程度？

触电的危险程度应根据电压的高低，绝缘的情况，电力网中性点是否接地，通过人体电流持续的时间和路径等各种因素来识别。当人体通过 50mA 以上的电流，就有生命危险。

42. 人触电的现场急救方法主要有几种？

人触电的现场急救方法主要有人工呼吸法、人工胸外心脏按压法。

43. 触电方式有几种？有跨步电压危险存在时应怎样做？

（1）人体触电方式主要分为：单相触电、两相触电、跨步电压触电 3 种。

（2）跨步电压触电一般发生在高压电线落地的情形下，但对低压电线落地也不可麻痹大意。当一个人发觉跨步电压威胁时，应赶快把双脚并在一起，然后马上用一条腿或两条腿跳离危险区。

44. 如何使触电者脱离电源？

（1）尽快断开与触电者有关的电源开关。（2）用相适应的绝缘物使触电者脱离电源。(3) 现场可采用短路法使热继电器跳闸或用绝缘杆挑开导线。(4) 脱离电源时要防止触电者摔伤。

45. 如何检查管理干粉灭火器?

(1) 放置在通风、干燥、阴凉并取用方便的地方。(2) 避免高温、潮湿和腐蚀严重的场合,防止干粉灭火剂结块、分解。(3) 每季度检查干粉是否结块。(4) 检查压力显示器的指针应在绿色区域。(5) 灭火器一经开启必须再充装。

46. 使用干粉灭火器的注意事项有哪些?

(1) 要注意风向和火势,确保人员安全。(2) 操作时要保持竖直,不能横置或倒置,否则易导致灭火剂无法喷出。

47. 灭火有哪些方法?

(1) 冷却法:将灭火剂直接喷洒到燃烧物上,使可燃物的温度降低到自燃点以下,从而使燃烧停止的方法。

(2) 隔离法:将可燃物与助燃物、火焰隔离,控制火势蔓延的方法。

(3) 窒息法:采取适当的措施,阻止空气进入燃烧区或用惰性气体冲淡、稀释空气中的含氧量,使燃烧物质因缺氧而熄灭的方法。

(4) 抑制法:将化学灭火剂喷入燃烧区参与燃烧反应,终止燃烧的链反应而使燃烧物停止燃烧的方法。

48. 火场逃生的注意事项有哪些?

(1) 火场逃生要迅速,动作越快越好,切不要为穿衣或寻找贵重物品而延误时间,要树立"时间就是生命、逃生第一"的思想。(2) 逃生时要注意随手关闭通道上的门窗,以阻止和延缓烟雾向逃离的通道流窜。通过浓烟区时,要尽可能以最低姿势或匍匐姿势快速前进,并用湿毛巾捂住口鼻。不要向狭窄的角落退避,如床下、墙角、桌子底下、大衣柜里等。(3)如果身上衣服着火,应迅速将衣服脱下,就地翻滚,将火扑灭。但应注意不要滚动过快,更不要身穿着火衣服跑动,如附近有水池、池塘等,可迅速跳入水中。如人体已被烧伤时,应注意不要跳入污水中,以防感染。(4)火场上禁止乘坐普通电梯,原因有两个:①发生火灾后,往往容易断电而造成电梯卡壳,给救援工作增加难度。②电梯口通向大楼各层,火场上烟气涌入电梯通道极易形成烟囱效应,人在电梯里随时会被浓烟毒气熏呛而窒息。(5)火灾刚刚发生的时候,应迅速向消防部门报警,同时积极参加初期火灾的扑救。

49. 事故应急救援的基本任务是什么?

(1)立即组织营救受害人员,组织撤离或者采取其他措施保护危害区内的其他人员。(2)迅速控制事态,并对事故造成的危害进行检测、监测、测定事故的危害区域、危害性质及危害程度。(3)消除危害后果,做好现场恢复。将事故现场恢复至相对稳定的状态。(4)查清事故原因,评估危害程度,并做好总结救援工作中的经验教训。

50. 发生事故时应如何报告?

(1)发生事故后,事故当事人或发现人应立即报告上级领导,紧急情况要报警。(2)伤亡、中毒事故,应保护现场并迅速组织人员施救,防止发生次生事故。(3)任何事故,无论大小,均应在第一时间以最快方式向上级主管或单位报告。(4)报告必须真实,不得漏报、瞒报、隐瞒事故真相。

51. 发生事故时的汇报内容应包括什么?

(1)事故发生的时间、地点及事故现场情况。(2)事故的简要经过、伤亡人数（包括下落不明的人数）和初步估计的直接经济损失。(3) 事故发生原因的初步判断。(4) 事故发生后采取的措施及实施效果。(5) 事故报告单位。

52. 现场常用急救措施有哪些？

（1）冻伤：周围环境保持在 22～25℃；将冻伤部位浸入 38～42℃的水中；可饮用少量饮料，增加身体热量，使毛细血管扩张；禁止用火烤、冷水浸泡或雪搓；严重者送往医院。

（2）心脏骤停：检查大动脉搏动；将伤员置于复苏体位，同时呼唤他人帮助；胸部叩击 1～2 次；叩击不能复苏，进行人工呼吸或心脏按压；送往医院。

（3）开放性胸部损伤：迅速用纱布或棉花包扎伤口；伴有肋骨骨折的，防止骨端刺破胸膜和肺脏；将伤员平放在担架或木板上；心跳、呼吸停止者，进行人工呼吸和心脏按压；送往医院抢救。

（4）脊柱损伤：发现出血应立即止血；采用平卧搬运法以免骨折移位；对呼吸困难者进行吸氧；心跳、呼吸停止者，进行人工呼吸和心脏按压；送往医院抢救。

（5）溺水：头偏向一侧，清除口腔、鼻腔内泥沙及污物，将舌拉出口外，保持呼吸道通畅；救护者以半跪姿势，将溺水者的腹部放在大腿上，使其头部下垂，轻压其背部；心跳、呼吸停止者进行人工呼吸和心脏按压；为溺水者换上干衣物，注意保暖；尽快送往医院抢救。

（6）电击伤：切断电源；呼吸、心跳停止者，进行人工呼吸和心脏按压；待受伤者复苏后及时进行伤口包扎；送往医院治疗。

（7）休克：让病人平卧，下肢稍抬高，以利于对大脑供血；保持呼吸道畅通，以防止发生窒息；避免随意搬动，以免增加心脏负担；立即吸氧；心跳、呼吸停止者，进行人工呼吸和心脏按压；送往医院抢救。

（8）呼吸道异物阻塞：液体异物堵塞，饮一些水或让病人呕吐；若异物在喉部，要迅速清除口腔及喉部的异物；异物已坠气管的，送往医院抢救。

（9）机械性损伤：清洗患处扩创包扎；心跳、呼吸停止者，进行人工呼吸和心脏按压；四肢骨折，加以固定；脊柱骨折，让病人平卧在硬板上或担架上；避免颠簸；送往医院抢救。

（10）中毒：尽快使病人脱离中毒环境；对皮肤冲洗，清除皮肤上残留毒物，终止毒物继续吸收；脱去染毒衣物；送往医院抢救。

（11）烧烫伤：迅速终止烧烫伤；保护烧烫伤创面；用清水反复冲洗；送往医院抢救。

（12）头颈损伤：固定头颈；恶心呕吐者头应侧转；呕吐量多者可采取俯卧位；送往医院抢救。

第三部分 基本技能

一、操作技能

1. 打录井钢丝绳结

准备工作：

（1）正确穿戴劳动保护用品。

（2）工用具、材料准备：200mm 手钳 1 把，注水井测试堵头 1 个，井下流量计测试绳帽 1 个，ϕ2.4mm 试井钢丝 1 盘，擦布 1 块。

操作程序：

（1）操作前的检查。

① 用擦布擦拭测试钢丝，检查钢丝有无生锈、腐蚀、砂眼、死弯等现象。

② 检查手钳是否有锈蚀，是否灵活好用。

③ 检查测试堵头螺纹是否完好，穿钢丝的孔眼是否刺大。

④ 检查绳帽螺纹是否完好，钢丝在绳帽内是否转动灵活。

（2）将测试钢丝从测试堵头及测试绳帽依次穿过。

（3）将测试钢丝从堵头及绳帽处拉出，用脚踩住钢丝，将堵头及绳帽轻轻放在适当位置。

（4）双手拿住钢丝，打出圆环，修正圆环，使之与主股钢丝对称。

（5）拉紧钢丝短的一头进行缠绕，下面一层4圈，上面一层3圈，钢丝排列整齐、紧密。绳结总长度不得超过25mm，圆环直径不得大于12mm，不得小于6mm。

（6）剪掉多余的钢丝，将绳帽根部理直。

（7）将绳结拉入绳帽内，检查绳帽是否转动灵活。

（8）打扫施工现场，将剪断的钢丝头收拾干净。

操作安全提示：

（1）用手钳扳正圆环时一定要夹住圆环，防止手钳没有夹持住钢丝而伤到操作人员。

（2）打圆环缠绕钢丝时把住钢丝不能松手，防止钢丝反弹伤到操作人员及他人。

（3）剪掉多余的钢丝头时，要注意防止划伤。

2. 制作连接钢管电缆头

准备工作：

（1）正确穿戴劳动保护用品。

（2）工用具、材料准备：450mm管钳1把，300mm扳手1把，200mm手钳1把，数字万用表1块，剥线钳1把，电缆绞车1台，井下测调仪1套，电缆头1个。

操作程序：

（1）将车厢内电源断开，将电缆从绞车上拉出5～10m。

（2）用锉刀将电缆在距离电缆头100mm左右的位置锉出一道0.2mm深痕。将电缆外壳掰断，然后用剪刀将电缆的内芯剪断。

（3）将电缆头上的防退螺栓卸掉，将防退弹簧挡圈从槽内起出后卸掉。

（4）用扳手固定住电缆头的上半部分，另一个扳手固定住电缆头的下半部分，然后另一只手沿着顺时针的方向拧电缆头的中间密封腔管部分，直至将电缆头的上下部分卸掉。

（5）用扳手卸掉电缆头上半部分的压紧螺母，取出电缆卡子、垫片、弹簧。

（6）将电缆依次穿过测试防喷堵头、电缆头、弹簧、垫片、电缆卡子，用压紧螺母压紧。

（7）用锉刀在距离压紧螺母20mm处挫0.2mm深的痕迹，将电缆的外壳掰断，去除编织层。

（8）用防水胶带将电缆外壳和电缆内芯缠紧，防止电缆进水。

（9）电缆芯留有合适的长度，然后用剪刀将多余的电缆芯剪断，用剥线钳将电缆芯外皮剥掉。

（10）将电缆内芯穿过电缆头的中间密封腔管部分，将上下电缆芯连接，连接部位用防水胶带缠紧。

（11）固定住电缆头的上部和下部，逆时针旋转电缆头的连接部分。连接紧固好，然后用十字形螺丝刀将电缆头下部的固定螺栓上紧。

（12）断开电缆与控制箱连接后，用兆欧表测量电缆绝缘，阻抗大于100MΩ时说明绝缘正常。

（13）连接控制箱及笔记本电脑，并将电缆头与测调仪用导线连接，然后打开电源，使仪器进入测试状态后，分别测量仪器的工作电压和工作电流，与控制箱显示一致为正常。

操作安全提示：

(1) 电缆从绞车上拉出足够的长度，电缆越短弹性越大，会导致电缆因弹力伤及操作人员。

(2) 用锉刀锉电缆时，易发生伤人事故。

(3) 打磨电缆毛刺时，一定要把住电缆，防止电缆把不住弹开伤及操作人员。

(4) 测量电压、电流时，要注意防止短路事故的发生。使用兆欧表测量完阻抗，必须进行放电。

3. 制作连接丝铠电缆头

准备工作：

(1) 正确穿戴劳动保护用品。

(2) 工用具、材料准备：38mm开口扳手1把，300mm扳手1把，200mm斜口钳1把，200mm尖嘴钳1把，12in压力断线钳1把，数字万用表1块，500型兆欧表1块，剥线钳1把，4mm×100mm十字形螺丝刀1把，电缆绞车1台，井下测调仪1套，电缆头1个。

操作程序：

(1) 将车厢内电源断开，将电缆从绞车上拉出5～10m。检查电缆表面光滑，无变形、腐蚀、折弯、起刺。

(2) 检查电缆头外观、鱼顶是否完好，上压帽固定螺栓是否齐全；检查扶正器弹簧片是否完好，通信接头有无弯曲、变形或锈蚀。

(3) 卸掉上压帽固定螺栓，卸掉电缆头的上部压帽，检查压帽螺纹及密封圈是否完好。

(4) 用万用表检查电缆头通信状态，用兆欧表测量电缆头绝缘情况。

(5) 将电缆依次穿过上压帽、保护弹簧、外锥套和内锥套；把电缆外层钢丝剥开，均匀选择 8～10 根向外翻转，反折穿入内锥套的孔；将穿过孔的松弛钢丝拉紧，多余部分剪断。

(6) 将内锥套压入（拉入）外锥套，将电缆穿过锁紧螺母并紧固。

(7) 将电缆内芯和接线柱连线紧密连接并用高压密封胶带缠紧；将压紧锥套对正槽口装入护筒。

(8) 安装电缆头上压帽，紧固至适合位置，上紧固定螺钉。

(9) 检查测调仪外观是否完好，有无变形；检查通信插口是否完好，螺纹、密封圈是否完好。

(10) 将电缆头与测调仪连接，利用软件程序检查调节臂工作状况。

操作安全提示：
(1) 电缆从绞车上拉出足够的长度，电缆越短弹性越大，会导致电缆因弹力伤及操作人员。

(2) 用压力断线钳剪断电缆时，注意做好防护，避免伤人。

(3) 用斜口钳剪断多余钢丝时，注意做好防护，避免伤到手指。

(4) 测量电压、电流要注意防止短路事故的发生，使用兆欧表测量完阻抗，必须进行放电。

4. 安装保养钢丝测试防喷装置及测试滑轮总成

准备工作：
(1) 正确穿戴劳动保护用品。
(2) 工用具、材料准备：900mm 管钳 1 把，200mm 扳手2把，套筒扳手1套，150mm一字形螺丝刀1把，冲子1个，手锤1把，钢丝测试井口防喷装置1套，测试滑轮1个，滑轮轴承2个，擦布、黄油若干。

操作程序：

（1）根据不同的测试项目及井口状况选择不同类型的井口防喷装置。

（2）检查测试滑轮外观有无变形，焊接部位有无开焊的现象，滑轮的轮边是否有缺口；转动是否正常，有无摆动现象。

（3）用扳手将测试滑轮的固定螺栓卸掉，将滑轮轴从滑轮上取下，检查滑轮轴是否变形、弯曲，螺纹是否完好，有无磨损、错扣现象。

（4）用卡钳取出弹簧挡片，将滑轮轴承取出。

（5）在滑轮轴承上均匀涂抹润滑油，将滑轮轴承装在滑轮盘内，装上挡片，将轴穿过滑轮支架及滑轮轴承，上紧固定螺栓。

（6）检查滑轮转动是否正常，是否同心，是否左右摆动，如果一切正常才可以正常使用。

（7）检查所使用的防喷管是否变形、弯曲，螺纹是否有磨损、错扣的现象。

（8）检查防喷管的放空阀开关是否灵活好用。

（9）检查防喷管操作平台、脚踏、安全带固定环、测试滑轮悬挂装置是否有开焊现象。

（10）检查测试堵头螺纹是否正常，检查并更换堵头内的密封填料，重新连接钢丝绳结。

（11）连接井口防喷装置，将其安装在测试阀的上端，并将井口滑轮套在防喷管上。

操作安全提示：

（1）手不准放在滑轮与滑轮总成之间，易发生夹手事故。

（2）防喷管的放空阀必须是高压阀，防止飞出伤人。

（3）安装防喷管时，操作人员配合好，防止发生防喷管倒伤人事故。

5. 安装免攀爬测试防喷装置

准备工作：

（1）正确穿戴劳动保护用品。

（2）工用具、材料准备：ϕ36mm 套筒扳手 2 把，F 形扳手 1 把，卡箍 1 套，球阀扳手 1 把，免攀爬测试防喷装置 1 套。

操作程序：

（1）检查免攀爬测试防喷管装置的外观是否合格，有无扭曲、变形现象。如不合格或不符合设计要求应重新校对或更换局部部件，校对合格后组装好。

（2）检查各个焊接部位是否有开焊现象，检查各个连接配合部件的连接情况，紧固件要连接牢固无松动，控制调节装置达到灵活好用。

（3）检查所有密封部位，发现问题及时处理，检查功能控制销锁是否切换灵活好用，装置要有出厂检验合格证。

（4）安装多功能球阀时用卡箍片上紧，注意地滑轮的方向指向测试车，安装上提转动机构时，把方向控制销锁好。

（5）立管操作：在地面把测试绳帽穿入管中锁在仪器锁上，再将环保堵头和滑轮安装好，连接好环保堵头上的溢流管，将管的上部放入提转动机构的卡套中，利用吊绳连接好滑轮组后，拉动吊绳使防喷管在卡套中向上滑动，直到管的下部与多功能球阀的活接头相连接时，调整好间距和滑轮方向，紧固好卡套的锁紧螺栓，将钢丝放入地滑轮中。

（6）安放仪器：根据不同的操作要求，选择防喷管的翻转控制角度，打开仪器锁将测试绳帽拉出，连接好测试仪器，用钢丝拉动仪器使其进入管中，关闭仪器锁，将防喷管推回到原位，连接好快速接头。

（7）下放仪器：缓慢打开测试阀、球阀，待溢流管有少量的水流出时，再打开仪器锁，使测试仪器慢慢下放，按照测试仪器下放相关规定操作。

（8）取出仪器操作：当仪器进入管后关闭仪器锁、球阀，打开放空阀放出液体到地面集液桶中，打开快速接头，用上提扳手提升防喷管，由上提锁定销将其固定。取仪器有两种方式，一是防喷管翻转20°角后，打开仪器锁将仪器在管的下方拿出。二是在井口有足够高度的情况下，拔出轴向限位销，推动防喷管沿上提转动机构的轴向转动，使防喷管偏离井口中心位置，打开仪器锁使其在竖直方向上退出。此方法适用于投捞堵塞器，打捞仪器、钢丝等。

（9）收管操作：用吊绳连接好滑轮组，拉紧吊绳后松开卡套的锁紧螺栓，使防喷管在卡套中向下慢慢滑动到底部，打开卡套将防喷管放到地面。拆卸环保堵头、滑轮、上提转动机构及多功能球阀。

操作安全提示：
（1）安装地滑轮时要注意方向，要对准测试车。
（2）在全程测试操作中，井口与测试车之间严禁站人。

(3)测试中必须使用地滑轮,防止井下卡仪器造成"背管"现象。

(4)选择任何操作,防喷管的下口方向严禁站人,以防止仪器突然穿出伤人。

6.安装液压免攀爬自动升降试井防喷装置

准备工作:

(1)正确穿戴劳动保护用品。

(2)工用具、材料准备:36mm套筒扳手2把,F形扳手1把,卡箍1套,液压免攀爬自动升降试井防喷装置1套。

操作程序:

(1)检查举升泵液压油有无渗漏,液压油位是否符合使用要求;检查压力表是否指示清晰;检查擦拭快速接头、接口有无泥沙、油污,护帽是否完好;检查液压控制阀开关是否灵活;检查电压指示是否在绿色区域,电压值是否高于8V。

(2)检查手压泵支臂是否完好,液压油有无渗漏;检查开关旋钮是否灵活;检查溢流管、放空管是否完好无破损;检查擦拭快速接头、接口有无泥沙、油污,护帽是否完好;检查液压管、封井复合管是否完好无破损;检查接头是否完好,清洁阀芯表面有无油污、泥沙;检查折叠举升装置各阀门开关是否灵活;检查并紧固各连接部位;检查并清理折叠举升装置螺纹油污、泥沙与脏物;检查各密封圈是否完好无破损;检查液压支臂是否完好,油液有无渗漏。

(3)检查管接螺纹是否完好;检查清洁管接头及密封圈是否完好无破损,防喷管有无变形,拉筋焊接是否牢固,内螺纹是否完好;检查绷绳链连接是否牢固,调整装置是否灵活好用;检查固定杠主体焊接是否牢固,紧固螺杆是否灵活好用；检查测试天滑轮转动是否灵活，轮槽有无泥沙、油污，轮边有无破损，防跳槽插销是否完好，紧固螺栓；检查导向地滑轮转动是否灵活，轮槽有无泥沙、油污，轮边有无破损，固定插销是否完好，支架是否完好，防跳槽插销是否完好，紧固螺栓。

（4）将液压折叠支座搬运至井口，并用卡箍连接紧固在测试阀上，安装后应对正绞车位置；搬运防喷管至井口与液压折叠支座管臂对接，旋紧防喷管连接管接；将三级溢流控制器连接到防喷管顶端并旋紧；用液压管将液压折叠支座与液压泵连接，再用封井复合管将手压泵与三级溢流控制器连接；安装溢流管及放空管，将溢流管及放空管另一端置于溢流桶中。

（5）安装天滑轮，对正绞车位置，安装绷绳链、固定杠，并锁紧卡扣螺栓；关闭放空阀、同压阀；关闭液压控制升降开关，启动液压泵，举升防喷管；防喷管举升到位后旋紧管接，将绷绳链与固定杠连接紧固；将电缆置于地滑轮支架内，安装地滑轮，锁定固定插销，安装防跳槽插销，侧身打开测试阀，缓慢打开同压阀，通知绞车岗缓慢下放测调仪入井。按照测试仪器下放相关规定操作。

（6）取出仪器操作：手摇仪器进入防喷管后，井口岗关闭测试阀至2/3处，探闸板后关严，关闭同压阀；打开放空泄压；卸下地滑轮，将电缆从地滑轮处取出，卸开液压折叠支座连接处管接，将绷绳链从固定杠处分离；打开升降开关，中间岗拉住电缆，将防喷管拉向降落方向。

（7）手压泵泄压后，拆卸封井复合管，溢流管，卸下天滑轮、卸三级溢流控制器，取出仪器；将仪器与电缆头分离；拆卸液压管、放空管、绷绳链、绷绳固定杠；两人配合拆卸防喷管，卸下液压折叠支座。将工用具回收到指定位置。

操作安全提示：

（1）安装液压折叠支座应对正绞车位置。

（2）安装天滑轮，要对正绞车位置。

（3）固定杠卡在井口法兰盘螺栓上，必须上紧。

（4）举升防喷管前，做出安全提示，随时观察举升状态。

（5）防喷管举升时，下方禁止站人。

7.试井绞车测试前检查

准备工作：

（1）正确穿戴劳动保护用品。

（2）工用具、材料准备：300mm活动扳手1把，内六角扳手1套，150mm一字形螺丝刀1把，100mm十字形螺丝刀1把，200mm手钳1把，润滑油、擦布若干。

操作程序：

（1）检查测试绞车底盘是否有螺栓松动，如有松动应用扳手紧固。

（2）检查计数器及指重系统是否准确、灵敏、紧固，否则应及时维修。

（3）检查计量轮内有无泥沙、油污等污物，量轮完好无毛边，有损坏及时更换合适的计量轮。

（4）检查操作面板上的各个仪表、开关是否灵活好用，连接线是否完好无破损。

（5）检查刹车、滚筒、离合器离合工作是否正常，滚筒转动是否同心，有无来回摆动现象。

（6）检查绞车的润滑部位是否缺油，如果缺油应及时加注。

（7）检查排丝装置转动是否灵活，麻花轴内有无泥沙，润滑是否良好。

（8）检查气路管线、接头、阀件是否密封，如有漏气现象应及时维修或更换。

（9）检查气泵是否工作正常，如有故障应停止使用，及时维修。

（10）检查液压油油箱液位高度是否合适、油质是否合格，液压管线有无损伤和漏油现象，如液压油变质或油位过低应及时更换或补充液压油。

（11）检查液压泵运转是否正常，检查液压控制阀压力表是否动作灵活、压力表指示准确。

（12）检查测试钢丝及测试电缆是否有死弯、砂眼、硬伤等现象，长度能否满足测试要求。

操作安全提示：

（1）检查紧固绞车机械部件时，一定要在发动机熄灭状态下进行。

（2）指重装置及计深装置必须准确、好用，否则必须及时维修。

（3）若滚筒转动不同心，来回摆动，要停止使用。

（4）排丝装置必须转动灵活，不得缺少润滑油，否则会因为不灵活或缺油而造成排丝装置不能转动，影响绞车摆排钢丝和电缆，严重会导致绞车不能使用。

（5）液压油质量必须合格，不得缺油，否则会造成测试绞车动力不够或不能使用。

（6）检查钢丝或电缆是否有死弯、砂眼等现象，钢丝长度应大于测试井深100m以上,电缆应大于测试井深200m以上。

8. 液压绞车的保养与操作

准备工作:

(1) 正确穿戴劳动保护用品。

(2) 工用具、材料准备:300mm活动扳手1把,内六角扳手1套,150mm一字形螺丝刀1把,100mm十字形螺丝刀1把,200mm手钳1把,液压油1桶,润滑油、擦布若干。

操作程序:

(1) 绞车的保养。

① 检查绞车各部位的固定螺栓是否紧固。

② 检查计深装置、指重装置显示是否准确、灵活、可靠;检查计量轮、导向轮是否完好,动作是否灵活无卡、磨现象。

③ 检查刹车带有无变形、开裂、脱铆现象,刹车是否可靠,清洁刹车带与刹车毂的摩擦面,检查调整刹车带与刹车毂的紧固情况,松开刹车后间隙为2～3mm。

④ 检查滚筒是否转动正常、灵活,有无来回摆动,紧固滚筒螺栓、轴承座与轴承架。

⑤ 检查手摇机构是否轻便、摘挂灵活、可靠。

⑥ 检查绞车各润滑部位是否缺油,缺油应及时加注润滑油。

⑦ 检查盘丝装置动作是否灵活,光杆表面是否干净、光滑,麻花轴和滑块有无损伤,间隙是否合适。

⑧ 检查气路操控系统气泵运转是否正常,气动阀是否灵活好用,分合动作是否灵活可靠,油门操作是否灵活可

靠，气路管线、接头、阀件是否密封，有无漏气现象。

⑨ 检查液压油位高度是否合适，液压油有无变质现象，如有问题应及时补充或更换液压油；检查液压泵运转是否正常，液压管线有无渗漏、损伤；检查液压控制阀是否灵活好用，压力表指示是否准确。

⑩ 检查测试钢丝（电缆）是否有砂眼、死弯、硬伤等现象，长度能否满足测试要求。

⑪ 测试电缆通信是否正常，用兆欧表测量，阻抗是否正常（大于 100MΩ）。

(2) 绞车的操作。

① 根据井场的地形、风向选好停车位置，距离井口 20～30m。绞车对正井口滑轮，绞车岗位操作视线要好，应避开电线停车。

② 摇紧钢丝，将计数器归零，松开离合器，慢慢松开刹车，运转绞车，下放测试仪器。

③ 起下仪器一定要平稳，严禁猛放猛起，钢丝正常起下速度应小于 100m/min，电缆起下速度不大于 80m/min。仪器进入工作筒或未出工作筒之前，钢丝起下速度小于 50m/min，电缆起下速度小于 30 m/min。

④ 起下仪器时，钢丝要绷直，防止拖地、跳槽和打扭等。

⑤ 注意观察指重器负荷变化及转速表的计数情况，防止跳字、卡字现象。

⑥ 仪器下到测试深度时要放慢下放速度，到达测试层位要刹住刹车停测。

⑦ 仪器起至距离井口 150m 时，减速慢起，钢丝速度小于 50m/min，电缆速度小于 30m/min；距离井口 20m 时应停

车用手摇，使仪器慢慢进入防喷管。

⑧仪器进入防喷管后，关闭阀门放空，卸堵头，起出仪器，将钢丝盘回绞车，将刹车刹死。

操作安全提示：

（1）油门控制应当平稳缓慢，严禁急加、急收。

（2）钢丝、电缆无死弯、砂眼、硬伤，否则会因为死弯和砂眼造成井下事故的发生。

（3）选择停车位置时，必须避开电线，如果电线在井口正上方时禁止操作施工。

（4）上提仪器不得太快，过层不能太快，一定要手摇绞车让仪器进入防喷管。

（5）使用兆欧表测量完阻抗时，必须进行放电。

9. 计量轮的更换与检查

准备工作：

（1）正确穿戴劳动保护用品。

（2）工用具、材料准备：300mm活动扳手1把，150mm一字形螺丝刀1把，400mm钢板尺1把，300mm外卡钳1把，内六角扳手1套，测试绞车1台，新的计量轮1个，压紧轮1个，擦布若干（根据测试绞车不同，选择合适的工具）。

操作程序：

（1）检查计量轮。

①检查计量轮转动是否同心，是否来回摆动。

②检查计量轮与转速表芯子的连接状况，转速表芯子是否连接紧固。

③检查计量轮的固定螺栓是否紧固。

④检查计量轮与压紧轮的结合是否紧密。

⑤ 检查压紧轮是否完好，如果磨损严重应及时更换。

⑥ 检查转速表芯子转动是否正常，芯子内是否润滑、缺油。

⑦ 检查顶压紧轮的滑块是否完好，顶滑块的螺栓、螺纹是否完好。

⑧ 检查计量轮支架是否完好，是否有开焊，否则应及时维修或更换。

(2) 更换计量轮。

① 卸掉转速表芯子。

② 卸松压紧轮，取出钢丝。

③ 使用外卡和钢板尺，量出计量轮内槽直径。

④ 根据公式计算出计量轮的误差。

$$\Delta H = 1000 - (D+d)\pi E_2/E_1$$

式中　ΔH——转速表每米记录误差，mm；
　　　D——量轮直径，mm；
　　　d——钢丝直径，mm；
　　　E_1——主变速轮齿数；
　　　E_2——副变速轮齿数，油田上常用的 E_2/E_1 齿轮比有 25/18、16/10 等。

⑤ 计量轮直径误差不得超过 ±0.5mm，否则需更换计量轮。

⑥ 用扳手卸掉计量轮。

⑦ 将符合使用要求的计量轮安装在计量轮的支架上，上紧固定螺栓。

⑧ 将合格的压紧轮安装好，并调整好压紧轮与计量轮之间的间隙。

⑨ 检查计量轮的转动是否正常。

⑩ 将转速表芯子与计量轮连接紧固。

操作安全提示：

(1) 检查、更换计量轮时，一定要保证发动机处于熄火状态。

(2) 压紧轮必须完好，压紧轮与计量轮结合必须紧密，否则会造成钢丝从计量轮脱出或打扭，造成安全事故。

(3) 卸松压紧轮、取出钢丝时，防止钢丝弹出伤及操作人员。

(4) 必须调整好压紧轮与计量轮的间隙，过紧计量轮不转动，过松会造成钢丝跳出计量轮。

10. 弹簧式振荡器的保养与检查

准备工作：

(1) 正确穿戴劳动保护用品。

(2) 工用具、材料准备：600mm 管钳 2 把，100mm 一字形螺丝刀 1 把，油盆 1 个，弹簧式振荡器 1 支，棉纱若干，黄油若干。

操作程序：

(1) 检查振荡器主体是否完好，是否弯曲、变形，如有以上现象应及时修理或更换。

(2) 更换各连接部位的密封胶圈，保证连接部位紧固。

(3) 检查各连接部位的螺纹是否有磨损、错扣现象，如有螺纹磨损或错扣应及时更换。

(4) 主体下落灵活，靠自重下落时止动片能归位，并能锁止外套。

(5) 清洗振荡器各部位油污、杂物。

(6) 检查各部位是否紧固，主体大销钉是否牢固，在地面震击两次以上有无松动。

（7）手压止动片弹起灵活并突出外套 12mm，弹力小于 4.9N 时更换止动弹簧。

（8）检查主体弹簧是否完好，试验拉开力量不小于 280N。

操作安全提示：

（1）使用专用工具拆卸振荡器，操作平稳，防止伤人。

（2）振荡器主体拉出或回落时，手放的位置要正确，防止发生伤人事故。

11. 提挂式投捞器的保养及检查

准备工作：

（1）正确穿戴劳动保护用品。

（2）工用具、材料准备：100mm、150mm 一字形螺丝刀各 1 把，450mm、600mm 的管钳各 1 把，精度 0.02mm、规格 0～200mm 游标卡尺 1 把，提挂式投捞器 1 支，各个部位弹簧若干，棉纱若干，柴油少许。

操作程序：

（1）拆投捞器。

① 卸下绳帽。

② 卸下上锁轮的螺钉，取出上锁轮。

③ 卸下投捞爪调整螺栓，取出支撑弹簧。

④ 卸下投捞爪的连接螺栓，取出投捞爪。

⑤ 卸下下部锁轮的螺钉，取出下部锁轮。

⑥ 卸下定向爪固定螺栓，取出定向爪及支撑弹簧。

⑦ 检查、擦拭投捞器的主体及各个部件，如锈蚀严重，将投捞器的各个部件放入柴油中浸泡，去除锈蚀。更换各部位的弹簧。

⑧ 检查各连接部位的螺纹是否完好，如有磨损、错扣应及时修理或更换。

(2) 组装投捞器。

① 装上导向爪支撑弹簧，将导向爪装入投捞器主体内，安装定向爪固定螺栓，安装下部锁轮。

② 将投捞爪与投捞器主体对接好，上紧固定螺栓，安装上部锁轮。

③ 安装好支撑弹簧，上好调整螺栓并做适当调整。

④ 紧固各连接部位，上紧各部位螺栓。

⑤ 用锁轮锁定投捞爪和定向爪后，再逐渐放开，检查各部件动作是否灵活。

⑥ 测量定向爪张开后，突出投捞器表面不大于 $6mm \pm 0.5mm$。

⑦ 用游标卡尺测量主、副投捞爪，主、副投捞爪收拢后投捞器最大外径不大于44mm，投捞爪张开后外径必须为 96～106mm。

⑧ 各固定螺钉应拧紧，不应突出，各部位弹簧性能良好，打捞头、压送头部件齐全完好。

操作安全提示：

(1) 操作平稳，防止工具脱手伤人。

(2) 卸下零件，摆放整齐牢靠，防止掉落发生伤人事故。

(3) 使用柴油清洗投捞器各个部件时，不准动用明火，防止发生火灾。

12. 偏心堵塞器的保养及检查

准备工作：

(1) 正确穿戴劳动保护用品。

(2) 工用具、材料准备：200mm 手钳 1 把，100mm 一字形螺丝刀 1 把，平锉刀 1 把，台虎钳 1 台，冲子 1 把，手锤 1 把，精度 0.02mm、规格 0～200mm 卡尺 1 把，偏心堵塞器 5 支，密封圈、弹簧若干，棉纱若干，柴油 500mL，扭簧 10 个，不同直径的水嘴若干，擦布若干。

操作程序：

(1) 检查偏心堵塞器是否完好，是否弯曲。

(2) 检查打捞杆是否有弯曲、变形或断裂的现象。

(3) 检查台虎钳是否灵活好用。

(4) 拆偏心堵塞器。

① 用棉纱将偏心堵塞器擦拭干净。

② 用手钳将偏心堵塞器的压盖卸松，用手将压盖卸掉。

③ 用螺丝刀将压盖上的密封圈卸掉。

④ 取出弹簧及打捞杆。

⑤ 用擦布将堵塞器包好，留出凸轮销子的位置。将堵塞器夹持在台虎钳上。

⑥ 用冲子对正凸轮销子位置，用手锤敲击，将凸轮销子从堵塞器上取出。

⑦ 取出扭簧及凸轮。

⑧ 卸掉过滤网，取出水嘴，卸下密封圈，测量水嘴直径。

⑨ 从堵塞器主体上卸下四道密封圈。

⑩ 擦拭检查各部件，如有损坏应进行更换。

(5) 装偏心堵塞器。

① 安装堵塞器四道密封圈，测量密封圈过盈量为 0.2～0.4mm。

② 测量要更换的水嘴直径，更换水嘴密封圈，按顺序安装水嘴及过滤网。

③ 将更换的扭簧放入扭簧槽内，装入凸轮。

④ 将凸轮销子穿过凸轮、扭簧及堵塞器主体，用冲子将凸轮销子固定。

⑤ 安装打捞杆，装好打捞杆弹簧。

⑥ 更换压盖密封圈，上紧压盖。

⑦ 测量凸轮的外伸尺寸，凸出主体 2～3mm 为合格。

⑧ 将压盖和过滤网上紧。

操作安全提示：

（1）用螺丝刀卸密封圈时，防止螺丝刀打滑伤人。

（2）用台虎钳夹持堵塞器时一定要夹紧，防止堵塞器从台虎钳崩出伤人。

（3）用柴油浸泡堵塞器各部件时，不得吸烟或者有明火。

（4）用手钳卸松压盖时，要把堵塞器夹住，防止发生掉落伤人。

（5）检查各个部位螺纹时，一定要戴好防护手套。

（6）用锉刀打磨凸轮销子时，一定要平稳操作，防止锉刀伤及操作人员。

13. 保养联动测调仪调节臂

准备工作：

（1）正确穿戴劳动保护用品。

（2）工用具、材料准备：西安思坦测调仪器 1 支，可调偏心堵塞器 1 支，手锤 1 把，200mm 管钳 2 把；100mm 一字形螺丝刀 1 把，样冲 1 支，通针 1 根；取定位块专用工具 1 支，毛刷 1 把，零件盒 1 个，清洗液、黄油、棉纱若干。

操作程序：

（1）卸下联动测调仪调节臂两侧，取下限位片及弹簧销，卸下限位块。

（2）卸下调节臂后从联动测调仪中取出收放凸轮（离合器）。

（3）卸下调节头护套，取出压缩弹簧及调节头，取下调节头传动轴，取下垫片及限位挡片。

（4）卸下万向杆、万向杆弹簧。

（5）卸下万向节。

（6）卸下两个支撑臂连接销、支撑臂弹簧销、支撑臂弹簧。

（7）对所有调节臂配件及弹簧进行清洗、保养并加注黄油。

（8）将各部件按顺序组装完成后，检查调节臂收拢情况。

操作安全提示：

（1）装卸调节臂时，不要用力过大，防止扎手。

（2）装卸对接筒时一定要缓慢，防止对接头及弹簧掉落。

（3）装卸万向杆弹簧时，缓慢轻放。

（4）装卸两个支撑臂连接销和支撑臂弹簧时，轻拿轻放。

14. 存储式井下流量计使用前的检查

准备工作：

（1）正确穿戴劳动保护用品。

（2）工用具、材料准备：450mm管钳1把，300mm活动扳手2把，数字万用表1块，存储式井下流量计1支，擦布若干，润滑油若干。

操作程序：

（1）检查电子流量计的校验合格证是否合格，选择合适量程的井下流量计。

（2）检查电子流量计的外观是否完好，是否有弯曲的现象，如有以上现象应及时更换，不得使用。

（3）检查电子流量计外部的螺钉是否有松动，如有松动应将螺钉上紧才能使用。

（4）检查电子流量计螺纹是否完好，有无磨损和错扣的现象，如有磨损和错扣应及时更换，不得使用。

（5）检查电子流量计各个连接部位是否有松动，如有松动应紧固。

（6）检查并擦拭电子流量计的上下探头及传压孔，保证上下探头清洁，传压孔畅通。

（7）检查通信电缆外观是否完好，与回放设备通信是否正常，如通信不正常应及时维修或更换。

（8）检查并测量电池电压能否满足测试要求，电压过低应及时充电。

（9）检查流量计回放仪电压是否正常。回放仪上灯绿色为电压正常；红色为欠压，应给回放仪充电。

（10）检查加重杆是否弯曲，螺纹是否完好，上、下扶正器是否完好，尺寸是否合适。

（11）检查绳帽螺纹及绳结是否完好，如有问题应及时更换绳帽和重新打绳结。

（12）将绳帽、电池、流量计、加重杆连接起来，紧固后准备下井。

操作安全提示：

(1) 上卸仪器时，必须用专用扳手，禁止用管钳上卸。

(2) 操作时要轻拿轻放，禁止猛顿、猛放。

(3) 连接数据线，一定要保证正确插接，严禁用力过大。

(4) 安装电池时，要确认安装到位后再上电池短接。

(5) 插接数据线时，要在关机状态下进行。

(6) 各个螺纹部位及螺钉一定要紧固牢靠，防止造成仪器脱扣和井下事故。

15. 注水井分层测配前的准备

准备工作：

(1) 正确穿戴劳动保护用品。

(2) 工用具、材料准备：450mm管钳1把，300mm活动扳手1把，测试绞车1台，井下流量计1支，防喷装置1套，压力表1块，提挂式投捞器1支，打捞头1个，压送头1个，水嘴若干，堵塞器若干，润滑油若干。

操作程序：

(1) 测试通知单的准备。

通知单应有管柱结构、层段深度、各层的配注量、层段性质、水嘴大小、配注压力、层段号、井下工具型号、测试班组及上次测试日期等数据。

(2) 测试井的准备。

① 测试前应提前洗井，清除井内的脏物，待注水压力稳定后才能测试。

② 测试井的各个阀门应灵活好用，水表、压力表应达到测试要求。

③ 了解测试井的层段配注要求及正常注水压力和水量。

(3) 测试绞车的准备。

① 检查测试绞车工作是否正常；检查绞车各个部位的固定螺栓是否牢固，刹车、摇把、离合器是否灵活好用。

② 检查液压油的液位高度是否符合要求，液压油质量是否合格，如达不到要求应及时补充或更换。

③ 检查钢丝和电缆是否有砂眼、死弯等现象，长度是否够长。

④ 检查传动系统工作是否正常，液压系统连接管线是否完好、无漏油现象，否则应进行更换。

⑤ 检查计数器、指重装置是否工作正常，如不正常应及时维修或更换。

⑥ 检查计量轮是否完好、尺寸是否合格，量轮槽内有无泥沙、油污，轮边有无毛边、缺口。

⑦ 检查传动软轴与计量轮和计数器结合是否完好，转动是否自如。

⑧ 检查排丝装置工作是否正常，绞车控制面板各仪器、开关是否灵活好用。

(4) 防喷装置的准备。

① 检查防喷管的螺纹完好，脚踏焊接是否牢固，安全带固定装置和滑轮悬挂装置焊接是否牢固。

② 测试堵头密封填料是否完好，堵头螺纹是否完好无损伤。

③ 检查滑轮转动是否灵活、同心，有无来回摆动现象。

④ 将操作平台安装牢固。

⑤ 准备地滑轮和加固防喷管的绷绳。

(5) 测试仪器及工具的准备。

① 选择校验合格、量程合适的井下流量计。

② 根据测试要求准备好测试投捞器及相应的打捞头、压送头、偏心堵塞器、水嘴等工具。

(6) 测试前的准备工作完毕，即可进行水井测试。

操作安全提示：

(1) 测试井各个阀门必须灵活好用；压力表及水表必须完好、准确，否则应及时维修或更换。

(2) 电缆、钢丝必须完好无损，否则应及时更换。

(3) 排丝装置运转一定要正常，否则会造成钢丝排列不紧密而发生钢丝、电缆打扭或死弯，使钢丝、电缆不能使用。

(4) 测试防喷管螺纹及各个焊接部位必须完好。

(5) 操作平台安放一定要牢固，否则会给操作人员带来安全隐患。

(6) 必须使用地滑轮并准备加固绷绳，防止测试时防喷管受拉力过大，造成安全事故的发生。

16. 捞投分层注水井偏心堵塞器

准备工作：

(1) 正确穿戴劳动保护用品。

(2) 工用具、材料准备：450mm、600mm、900mm管钳各1把，300mm活动扳手2把，150mm一字形螺丝刀1把，试井绞车1台，测试滑轮1套，注水井测试防喷装置1套，提挂式偏心投捞器1支，打捞头1个，压送头1个，堵塞器若干，振荡器1个，棉纱若干，笔若干，报表若干。

操作程序：

操作前应清楚井下管柱的结构，偏心配水器类型、数量及规格，井下有无落物。

(1) 打捞偏心堵塞器。

① 根据风向选择好车辆摆放位置，安装防喷管和滑轮支架，从绞车上拉出钢丝，穿过防喷管堵头、绳帽，打绳结。

② 将绳帽、振荡器和偏心投捞器顺序连接，并紧固连接部位。

③ 放入防喷管内，上紧防喷堵头，关闭防喷管的放空阀，拉紧钢丝，计数器归零。

④ 打开测试阀门，调节好密封填料压帽的松紧，开始下放仪器，速度不大于 150m/min，接近工作筒 100m 时减速至 50m/min 的速度下放。

⑤ 投捞器下过预计层位以下 3～5m 后，缓慢上提仪器，超过目的层工作筒 3～5m 后，下放投捞器，打捞头坐入工作筒偏心孔与堵塞器对接上，上提投捞器，观察油压及水量变化。若压力下降，水量上升，说明打捞成功。

⑥ 上提投捞器，至井口 150m 减速，20m 停车手摇至投捞器进入防喷管，核对计数器。

⑦ 关闭测试阀，打开放空阀，卸堵头，取出投捞器。

(2) 投送偏心堵塞器。

① 根据风向选择好车辆摆放位置，安装防喷管和滑轮支架，从绞车上拉出钢丝，穿过防喷管堵头、绳帽，打绳结。

② 将绳结与连接好的偏心投捞器连接好，并紧固连接部位。

③ 放入防喷管内，上紧防喷堵头，关闭防喷管的放空阀，拉紧钢丝，计数器归零。

④ 打开测试阀，调节好密封填料压帽的松紧，开始下放仪器，速度不大于 150m/min，接近工作筒 100m 时减速至 50m/min 的速度下放。

⑤ 投捞器下过预计层位以下 3～5m 后，缓慢上提仪器，超过工作筒 3～5m 后，下放投捞器。

⑥ 坐入工作筒偏心孔处，上提投捞器 3～5m 使压送头与堵塞器脱离。观察绞车压力变化，观察油压及水量变化（压力上升，水量下降），再缓慢下放投捞器，使投捞器再次坐在偏心孔上，然后上提投捞器，再观察油压与水量的变化，确认偏心堵塞器成功送入。

⑦ 上提投捞器，至井口 150m 减速，20m 停车手摇至投捞器进入防喷管，核对计数器。

⑧ 关闭测试阀，打开放空阀，卸堵头，取出投捞器。

操作安全提示：

（1）施工前要制订安全措施及事故处理应急预案，准备好安全警示标识。

（2）开关阀门一定要侧身操作，防止丝杆飞出伤人。

（3）测试阀关闭后，未放空或放空不通不能卸堵头。

（4）传递仪器时要注意做好配合，并要有呼应。

（5）高处作业时，操作人员应穿戴好安全防护用具，并有专人监护。

（6）安装防喷管时，操作人员配合好，防止发生防喷管倾倒伤人事故。

（7）大雾、大雨、大雪、五级以上大风或夜间，不能进行测试。

17.存储式(非集流)井下流量计测试注水井分层注水量

准备工作:

(1)正确穿戴劳动保护用品。

(2)工用具、材料准备:450mm、600mm、900mm管钳各1把,300mm活动扳手2把,秒表1块,测试滑轮1套,注水井测试防喷装置1套,井下流量计1支,地面回放仪1台,加重杆2支,擦布若干,黄油1管。

操作程序:

操作前应了解测试井井下管柱结构、各层配水量、水嘴规格、全井注水量及配注压力。

(1)仪器的检查:根据注水量选择合适量程的井下流量计。

① 检查仪器外观有无损坏,螺纹是否完好,各连接部位是否紧固,检查并清洁仪器探头。

② 检查电池电量是否正常、上扶正器是否正常。

③ 检查加重杆螺纹是否完好,下扶正器是否正常。

(2)记录井口油压及注入量。

(3)根据风向选择好车辆摆放位置,安装防喷管和滑轮支架,从绞车上拉出钢丝,穿过防喷管堵头、绳帽,打绳结。

(4)控制好油压及注入量,使注水压力达到配注的要求。

(5)在地面设置好井下流量计的工作参数。

(6)将上扶正器、电池、井下电子流量计、加重杆与下扶正器顺序连接并紧固,准备下井。

(7)将仪器装入防喷管内,上好堵头,将钢丝扶入滑轮槽内，滑轮对准绞车，关放空阀。

（8）摇紧钢丝，转速表归零，缓慢打开测试阀，下放流量计，下仪器速度不大于150m/min。

（9）流量计下放到最下级工作筒以下3～5m，启动绞车将仪器提到工作筒以上，再放入工作筒，停测3～5min。

（10）上提流量计至上一级工作筒3～5m以上，停测3～5min。以此类推，测完所有层段。

（11）上起仪器速度不大于100m/min，离井口150m减缓速度，离井口20m停车，手摇慢慢进入防喷管内，关闭测试阀，放空，卸堵头，取出仪器。

（12）卸下电池，用通信线把仪器与回放仪连接好，打开回放仪的电源开关，点击数据回放键进入回放程序，确定各层的视水量及压力，然后点击打印测试卡片。

（13）整理测试资料，准备上报。

操作安全提示：

（1）施工前要制订安全措施及事故处理应急预案，准备好安全警示标识。

（2）开关阀门一定要侧身操作，防止丝杆飞出伤人。

（3）测试阀关闭后，未放空或放空不通不能卸堵头。

（4）传递仪器时要注意做好配合，并要有呼应。

（5）高处作业时，操作人员应穿戴好安全防护用具，并有专人监护。

（6）安装防喷管时，操作人员要配合好，防止发生防喷管倾倒伤人事故。

（7）大雾、大雨、大雪、五级以上大风或夜间，不能进行测试。

18. 注水井（集流式）测调联动仪测试分层注水量

准备工作：

（1）正确穿戴劳动保护用品。

（2）工用具、材料准备：450mm、600mm、900mm 管钳各 1 把，300mm 活动扳手 2 把，秒表 1 块，电缆测试滑轮支架及地滑轮 1 套，测试防喷装置 1 套，双滚筒联动试井车 1 台，井下测调仪 1 套，擦布若干。

操作程序：

操作前必须了解井下管柱结构、配注水量和压力和正常注水时的压力和注水量。

（1）检查绞车、电缆、计深装置及张力指示装置是否完整、齐全，能否满足测试要求。

（2）检查仪器和电缆头各部螺纹有无松动，各螺钉是否紧固，仪器导向机构是否正常。

（3）记录井口油压及注入量；关闭清蜡阀，打开放空阀，卸堵头，安装防喷管及电缆测试滑轮支架。

（4）控制好油压及注入量；将电缆连接头、量程适合的井下测调仪与加重杆组装好。

（5）在地面检查仪器的各项功能是否正常，然后收起导向装置，由计算机发出命令收回调节臂，关闭供电电源，准备下井。

（6）将仪器装入防喷管内，上好堵头，关好放空阀，将电缆放入滑轮槽内，使电缆对准绞车。

（7）摇紧电缆，转速表归零，打开测试阀，下放测调仪器；仪器下放速度不大于 80m/min；仪器在封隔器及层段时要减速至 30m/min 通过。

（8）测调仪下放到最下级工作筒以下 3～5m，用绞车将仪器提到工作筒以上 5～10m，弹开调节臂，以 30～50m/min 的速度坐封完成，井下仪器调节臂与井下偏心配水器内堵塞器调节杆对接；检查坐封对接情况。

（9）对接正常，开始测检配卡片，在压力和流量稳定后，采集数据 5min；测量出此层流量、压力数据，将数据记录在表格中并保存曲线。

（10）上提测调仪坐入上一级层段，进行数据采集；以此类推，测完所有层段；测量结束后，上提仪器到油管中，收起调节臂，将检配数据保存。

（11）按照检配的结果和配注方案的要求进行对比，将仪器下到需要调试的配水层的配水器的上方 5～10m 处，打开调节臂，往下坐封，地面控制调节该层流量直至符合要求。调试完成后，将仪器上提至上一个需要调试的层，以此类推，直至所有需要调试的层都达到要求，等待压力和水量都稳定后按要求录取各压力点测试卡片。

（12）上提仪器到油管中，收起调节臂，将调节后的数据保存到对应的表格中，上起仪器速度不大于 80m/min，离井口 150m 减缓速度，离井口 20m 停车，手摇慢慢进入防喷管内，关闭测试阀后放空，卸堵头，取出仪器。

（13）在地面弹出调节臂，关断电源。卸下电缆连接头，装上保护帽。将电缆摇进滚筒，刹紧刹车。

（14）整理测试资料，准备上报。

操作安全提示：

（1）施工前要制订安全措施及事故处理应急预案，准备好安全警示标识。

（2）开关阀门一定要侧身操作，防止丝杆飞出伤人。

（3）测试阀关闭后，未放空或放空不通不能卸堵头。

（4）传递仪器时要注意做好配合，并要有呼应。

（5）高处作业时，操作人员应穿戴好安全防护用具，并有专人监护。

（6）安装防喷管时，操作人员要配合好，防止发生防喷管倾倒伤人事故。

（7）大雾、大雨、大雪、五级以上大风或夜间，不能进行测试。

（8）卸电缆头时，做好绝缘工作，防止发生触电事故。

19. 注水井（非集流式）测调联动仪测试分层注水量

准备工作：

（1）正确穿戴劳动保护用品。

（2）工用具、材料准备：450mm、600mm、900mm管钳各1把，300mm活动扳手2把，秒表1块，电缆测试滑轮支架及地滑轮1套，测试防喷装置1套，双滚筒联动试井车1台，井下测调仪1套，擦布若干。

操作程序：

操作前必须了解井下管柱结构、配注水量、压力，以及正常注水时的压力、注水量。

（1）检查绞车、电缆、计深装置及张力指示是否装置完整、齐全，能否满足测试要求。

（2）检查仪器和电缆头各部螺纹有无松动，各螺钉是否紧固，仪器导向机构是否正常。

（3）记录井口油压及注入量；关闭清蜡阀，打开放空阀，卸堵头，安装防喷管及电缆测试滑轮支架。

（4）控制好油压及注入量；将电缆连接头、量程适合的井下测调仪与加重杆组装好。

(5) 在地面检查仪器的各项功能是否正常，然后收起导向装置，由计算机发出命令收回调节臂，关闭供电电源，准备下井。

(6) 将仪器装入防喷管内，上好堵头，关好放空阀，将电缆放入滑轮槽内，使电缆对准绞车。

(7) 摇紧电缆，转速表归零，打开测试阀，下放测调仪器；仪器下放速度不大于 80m/min；仪器在封隔器及层段时要减速至 30m/min 通过。

(8) 测检配卡片：下放仪器至距井口 50m 处，停测 3～5min 后，再次以 80m/min 的速度下放至距第一级配水器 50m 时减速至 30m/min，直至下放至最下一级配水器以下，停测 3～5min，检测挡球密封情况。

(9) 上提仪器，至最下一级配水器以上 3～5m 处，刹死刹车，停测 3～5min。从下至上逐级停测，直至所有层段测试完成，将检配数据保存。

(10) 按照检配的结果和配注方案的要求进行对比，将仪器下到需要调试的配水层的配水器的上方 5～10m 处，打开调节臂，往下坐入目的层，地面控制调节该层流量直至符合要求。调试完成后，将仪器上提至上一个需要调试的层，以此类推，直至所有需要调试的层都达到要求。

(11) 控制好注水压力及注水量后，等待压力和水量都稳定，按要求录取 3 个压力点的流量测试卡片（每次降压间隔 0.2～1.0MPa，各压力点降压间隔应一致）。

(12) 上提仪器到油管中，收起调节臂，将调节后的数据保存到对应的表格中，上起仪器速度不大于 80m/min，离井口 150m 减缓速度，离井口 20m 停车，手摇绞车，使仪器慢慢进入防喷管内，关闭测试阀后放空，卸堵头，取出仪器。

（13）在地面弹出调节臂，关断电源。卸下电缆连接头，装上保护帽。将电缆摇进滚筒，刹紧刹车。

（14）整理测试资料，准备上报。

操作安全提示：

（1）施工前要制订安全措施及事故处理应急预案，准备好安全警示标识。

（2）开关阀门一定要侧身操作，防止丝杆飞出伤人。

（3）测试阀关闭后，未放空或放空不通不能卸堵头。

（4）传递仪器时要注意做好配合，并要有呼应。

（5）高处作业时，操作人员应穿戴好安全防护用具，并有专人监护。

（6）安装防喷管时，操作人员配合好，防止发生防喷管倾倒伤人事故。

（7）大雾、大雨、大雪、五级以上大风或夜间，不能进行测试。

（8）卸电缆头时，做好绝缘工作，防止发生触电事故。

20. 注聚井分层测试

准备工作：

（1）正确穿戴劳动保护用品。

（2）工用具、材料准备：600mm 管钳 2 把，900mm 管钳 1 把，ϕ36mm 套筒扳手 2 支，井下电磁流量计（加重杆、上、下扶正器、电池）1 套，回放设备 1 台，测试滑轮 1 套，测试车 1 台，注水井测试防喷装置 1 套，擦布若干。

操作程序：

（1）检查、了解井内管柱结构、深度及配注流量数据是否齐全准确。

（2）检查测试滑轮支架，堵头、卡箍、防喷管是否清洁无油污，各焊接处是否牢固，螺纹是否完好，放空阀是否灵活好用。

（3）检查钢丝试井绞车传动、离合及刹车装置是否灵活好用；钢丝有无砂眼、裂痕、扭折，缠绕是否整齐，直径、长度是否满足测试要求；检查计深装置，计量轮尺寸是否合格，槽内有无油污。

（4）检查配注芯捞矛性能是否良好，弹簧弹性是否合适，测试投送器最大外径不得小于48mm。

（5）根据井场情况及风向选择测试车停放位置。

（6）安装防喷管和滑轮支架，从绞车上拉出钢丝，穿过防喷管堵头、绳帽，打绳结。

（7）将绳帽、加重杆、井下电磁流量计顺序连接。

（8）将组装好的仪器放入防喷管中，上紧堵头，拉紧钢丝，计数器清零。

（9）关闭放空阀，缓慢打开测试阀，待防喷管内充满压力后，再全部打开。

（10）开始下放仪器，速度不大于100m/min，接近工作筒100m时减速至50m/min下放。

（11）下放至最下一层以上3～5m，刹车，停3～5min进行流量测试；然后上提至上一层段以上3～5m进行停测。

（12）当测试完最上一层后，上起仪器，至井150m时减速，距井口20m处停车，手摇将仪器起入防喷管内。

（13）关闭测试阀，放空，卸堵头，取出仪器。

（14）卸下绳帽、加重杆、电池，连接回放设备，回放查看测试资料,并进行保存。

操作安全提示:

(1) 施工前要制订安全措施及事故处理应急预案,准备好安全警示标识。

(2) 开关阀门一定要侧身操作,防止丝杆飞出伤人。

(3) 测试阀关闭后,未放空或放空不通不能卸堵头。

(4) 传递仪器时要注意做好配合,并要有呼应。

(5) 高处作业时,操作人员应穿戴好安全防护用具,并有专人监护。

(6) 安装防喷管时,操作人员配合好,防止发生防喷管倾倒伤人事故。

(7) 大雾、大雨、大雪、五级以上大风或夜间,不能进行测试。

21. 制作打捞矛

准备工作:

(1) 正确穿戴劳动保护用品。

(2) 工用具、材料准备:台虎钳1台,板锉1把,电焊机1台,钢锯1把,钢锯锯条若干,接头1个,20mm×500mm圆钢,8mm×50mm钢筋。

操作程序:

(1) 准备工具,检查设备、工具是否齐全。

(2) 将直径为20mm的圆钢夹在台钳上,用板锉把一头打磨成圆锥形,堆长约20mm。

(3) 将直径为8mm的钢筋夹在台钳上,用钢锯将钢筋斜角平行锯成5个钩齿,两面相同,尖角为30°,两尖距约40mm。

(4) 将钩齿焊接到钩身上,排列到120°角的不同方向。

(5) 将打捞矛与接头焊接在一起。

(6) 用三角锉打磨钩齿和带有毛刺的地方。

操作安全提示：

(1) 在用锉刀锉打捞矛时一定要注意安全，要平稳操作。

(2) 用钢锯锯钢筋时，要慢慢地锯，防止用力过大，锯条断伤及操作人员。

(3) 焊接点一定要焊接结实，不得有虚焊、漏焊。

(4) 焊接打捞矛的时候一定要避开弧光，避免造成眼部灼伤。

(5) 使用电源时一定要注意用电安全，避免触电事故的发生。

22. 打捞井下落物

准备工作：

(1) 正确穿戴劳动保护用品。

(2) 工用具、材料准备：450mm、600mm 管钳 2 把，900mm 管钳 1 把，200mm 一字形螺丝刀 1 把，胶皮阀 1 个，铅模 4 个，加重杆 1 支，打捞卡瓦 1 个，振荡器 1 支，打捞矛 2 支。

操作程序：

(1) 首先了解落物井的井下管柱结构，检查井口各阀门开关是否灵活。

(2) 了解落物井的生产情况，如压力、水量、出砂情况等。

(3) 落物原因的确定。

① 搞清落物的原因、形状、尺寸和深度，绘制草图。

② 若为脱扣落物，首先确定脱扣部位，落物的结构、

长度、外形特征及鱼尾螺纹形。

③ 若为断钢丝落物，要了解断钢丝的原因。如：仪器遇卡拔断，确定剩余钢丝长度；钢丝在井筒内打扭拉断，确定钢丝拉断深度；绳结拉脱；在井口碰断或井口关断。

(4) 打捞卡钻落物。

① 遇卡严重的应该先下通杆，多砸几下以减小被卡程度。

② 连接好绳帽、加重杆、振荡器、打捞筒。

③ 为了减小压力，可先关井或放大压差喷一下，然后再下打捞工具。

④ 捞住落物后不能硬拔，应用振荡器反复振荡。

⑤ 为了防止卡钻严重再次拔断钢丝，应在打捞工具上接一个负荷安全接头。当负荷超过钢丝的允许值时，安全接头上的销钉被剪断，钢丝就能从井下起出，随后进行二次打捞。

⑥ 当多次振荡不能解卡时，应将绞车的压力调小，然后继续反复振荡，直至解卡为止。

(5) 打捞带钢丝的落物。

① 连接好绳帽、加重杆、振荡器、打捞矛准备下井。

② 打捞工具下放深度不宜过大，应下一定深度后上提，观察指重器上的负荷变化。

③ 负荷没有变化再下放一定深度，再上提，继续观察指重器的变化。

④ 逐步加深深度，多次起下试探，观察指重器示值变化，直至捞住钢丝为止。中间岗的操作人员应反复压钢丝，让打捞矛能够牢固地抓住井下的钢丝。

⑤ 上提钢丝，绞车的速度一定要慢，速度均匀，不能

时快时慢，速度控制在 30m/min 左右，避免因为速度过快造成井下钢丝再次脱落。

⑥ 将钢丝提至井口进入防喷管内时，关闭胶皮阀，放空后卸下堵头，提出打捞工具。将胶皮阀以上的钢丝理直后穿过堵头，并将防喷堵头上的防喷盒上紧，打开胶皮阀，再缓慢上提，将钢丝提出。

⑦ 按照上述方法再次下井打捞剩下的钢丝，直至将井下的钢丝捞出为止。

⑧如不确定钢丝是否全被捞出，则下仪器打印铅模。打印铅模后确定没有钢丝则下打捞筒将井下工具打捞出来。

（6）然后收拾工具，打扫井场，控制好注水压力，恢复注水。

操作安全提示：

（1）施工前要制订安全措施及事故处理应急预案，准备好安全警示标识。

（2）开关阀门一定要侧身操作，防止丝杆飞出伤人。

（3）测试阀关闭后，未放空或放空不通不能卸堵头。

（4）传递仪器时要注意做好配合，并要有呼应。

（5）高处作业时，操作人员应穿戴好安全防护用具，并有专人监护。

（6）安装防喷管时，操作人员配合好，防止发生防喷管倾倒伤人事故。

（7）大雾、大雨、大雪、五级以上大风或夜间，不能进行测试。

（8）打捞工具进入防喷管后方可关闭胶皮阀，放空或放空不通不准卸堵头。

(9) 打捞时，必须安装地滑轮，防止发生防喷管横向受力过大拉断造成伤人事故。

(10) 打捞过程中，需要放空泄压时，必须用罐车接液，禁止污水外排。

23. 选配分层注水井水嘴

准备工作：

(1) 正确穿戴劳动保护用品。

(2) 工用具、材料准备：精度 0.02mm、规格 0～200mm 游标卡尺 1 把，计算器 1 个，笔 1 支，纸若干张，水嘴若干个。

操作程序：

(1) 用流量计测出注水井各层段的注水量。

(2) 根据测试资料整理计算出分层吸水量，并绘制分层指示曲线，得到正常注水压力下各层段的实际注水量。

(3) 打捞出要选配层段堵塞器，测量水嘴直径。

(4) 根据分层配注量按公式计算出水嘴直径。

$$d_{选} = b\sqrt{\frac{Q_{配}}{Q_{测}}} \cdot d_{原}$$

式中　$d_{选}$——所要选配的水嘴直径，mm；

$d_{原}$——原用水嘴直径，mm；

$Q_{配}$——层段配注水量，m³/d；

$Q_{测}$——层段测试注水量，m³/d；

b——层段系数，加强层取 b=1.1，限制层 b=0.9。

(5) 结合实际井况、每个层段的注水量，选择合适的水嘴，选嘴时要根据层段性质来选水嘴。加强层按上限选择，限制层按下限选择。

24. 选择压力计量程

准备工作：

(1) 正确穿戴劳动保护用品。

(2) 工用具、材料准备：计算器1个，笔1支，纸若干张。

操作程序：

(1) 了解测试仪器设计下入深度。

(2) 了解测试井油压及地层压力。

(3) 按下列公式计算压力计量程。

$$(H_{仪深}/100+ 油压)/50\%$$

$$(H_{仪深}/100+ 油压)/80\%$$

(4) 选择合适量程压力计。

(5) 检查该仪器检定证书出具的精度应符合设计要求。

(6) 检查该仪器检定证书应在有效日期内。

25. 电子压力计的测前检查及设置

准备工作：

(1) 正确穿戴劳动保护用品。

(2) 工用具、材料准备：450mm管钳1把，75mm一字形、十字形螺丝刀各1把，压力专用扳手2把，压力计电池测压设备1套，压力回放仪或笔记本电脑1台，压力计1支，通信电缆1根，压力计专用密封圈5个，无酸润滑油100g。

操作程序：

(1) 检查电子压力计合格证、检验记录及检定合格证。

(2) 检查压力计量程、直径及长度是否符合测试施工要求。

(3) 检查电池电压，检查回放仪电压及通信电缆是否完好。

(4) 检查压力计外观有无变形、伤痕；检查压力计各部螺纹是否紧固、密封是否完好。

(5) 检查传压孔是否畅通，有无污物、堵塞，加重杆、绳帽是否齐全完好。

(6) 用通信电缆将压力计和回放仪连接好；打开回放仪电源开关，输入井号，检查压力计和回放仪的数据连接功能。

(7) 根据测试内容，设置时间表，关闭回放仪电源，拔下通信电缆。

(8) 安装电池仪器，进入工作状态后上电池短接，连接上加重杆、绳帽，用专用扳手紧固各连接部位，准备下井。

操作安全提示：

(1) 上卸仪器时，必须用专用扳手，禁止用管钳上卸。

(2) 操作时要轻拿轻放，禁止猛顿、猛放。

(3) 连接数据线或放入电池时，一定要保证正确插接后，再上电池短接。

(4) 连接、取下数据线时，要在关机状态下进行。

26. 验封密封段的保养

准备工作：

(1) 正确穿戴劳动保护用品。

(2) 工用具、材料准备：600mm 管钳 2 把，75mm、100mm 一字形螺丝刀各 1 把，精度 0.02mm、长度 200mm 游标卡尺 1 把，油盆 1 个，验封密封段 1 支，密封段皮碗若干，无铅汽油 500mL，细砂纸 2 张，黄油若干，棉纱若干。

操作程序：

（1）卸掉上接头，取出第一道皮碗、隔圈。

（2）卸掉中心管，取出第二道皮碗、隔圈。

（3）卸下定位爪销钉，取出定位爪及定位爪弹簧。

（4）卸下凸轮销钉，取下凸轮和弹簧。

（5）卸下顶杆限位螺钉，取出顶杆。

（6）清洗检查各部件，涂润滑油，更换密封段皮碗。

（7）组装时按相反操作进行。组装后用细砂纸将工具带出的毛刺打磨掉。

（8）检查试验凸轮、顶杆，定位爪收拢、释放动作灵活。

（9）测量、调整皮碗直径及定位爪张开、收拢的尺寸。

操作安全提示：

（1）检查凸轮动作是否翻转灵活，凸轮销钉是否上牢。

（2）调整后皮碗各个方向测量的直径，要在46.1～46.3mm。

（3）定位爪应灵活好用，收拢时最大外径尺寸不大于44mm，伸开时最大外径80～82mm。

（4）组装后密封段无毛刺碰伤、无腐蚀变形，钢体外径不大于45mm。

（5）组装时要注意不能将凸轮装反，各部位螺钉要上紧。

27．存储式验封压力计分层注水井验封

准备工作：

（1）正确穿戴劳动保护用品。

（2）工用具、材料准备：450mm、600mm、900mm管钳各1把，300mm、350mm活动扳手各1把，200mm手钳

1把，150mm一字形螺丝刀1把，验封压力计1支，试井绞车1台，测试密封段1支，密封段密封胶圈若干，棉纱若干，笔1支，报表若干。

操作程序：

（1）验封前检查。

① 了解测试井井下管柱结构和深度，掌握测试井基本条件。

② 检查井口设备是否齐全完好、不渗不漏，各阀门开关是否灵活。

③ 检查注水井流程是否正常，油套连通阀（洗井阀）是否关严，记录油压、套压及注入量。

④ 检查测试绞车离合、刹车及测深装置是否灵活好用；检查钢丝有无砂眼、死弯等，长度能否满足测试要求。

⑤ 检查并确认验封专用测试密封段无毛刺，皮碗无破损、老化现象，过盈量符合技术要求，传压孔畅通，定位爪灵活好用，收拢时最大外径不大于44mm。

⑥ 检查验封压力计，保证外观完好，各部紧固，回放设备电源充足，与压力计通信正常。

（2）根据井场地形及风向选择试井车停放位置，将测试绞车对准井口。

（3）关闭测试阀放空，卸堵头，安装测试防喷管及滑轮支架。

（4）连接仪器，自下而上依次为绳帽、加重杆、压力计（双压力计验封时使用）、验封密封段、定位器、压力计，并检查紧固各连接部位。

（5）将仪器装入防喷管内，上好堵头，关好放空阀，将钢丝放入滑轮槽内,摇紧钢丝,转速表归零。

(6) 缓慢打开测试阀,将连接好的仪器平稳下过总阀后匀速下放,井筒内速度不大于100m/min,接近层位时下放速度不大于30m/min。

(7) 当仪器下放到最下一级层段工作筒以下3～5m时,上提过层段3～5m,将定位爪释放开后,下放坐封于工作筒。

(8) 在井口采用"开、关、开"或"关、开、关",每个工作状态下停留3～5min,其中开井压力为正常注水压力。

(9) 在正常注水及验封过程中每个操作过程结束,下一项操作过程开始前,分别录取井口注水压力及注水量。

(10) 完成各层段验封后,以100m/min的速度平稳上起至井150m时减速,距井口20m处停车,手摇将仪器起至防喷管内,关闭测试阀,放空,卸掉堵头,取出验封压力计,回放资料。

(11) 整理验封测试资料,填好验封报表,准备上报。

(12) 倒正常注水流程,控制好注水压力及注水量,收拾工具,打扫卫生。

操作安全提示:

(1) 施工前要制订安全措施及事故处理应急预案,准备好安全警示标识。

(2) 开关阀时要侧身操作,平稳缓慢,保证防喷管内压力升降平稳。

(3) 测试阀关闭后,未放空或放空不通不能卸堵头。

(4) 传递仪器时要注意做好配合,并要有呼应。

(5) 高处作业时,操作人员应穿戴好安全防护用具,并有专人监护。

（6）安装防喷管时，操作人员配合好，防止发生防喷管倾倒伤人事故。

（7）大雾、大雨、大雪、五级以上大风或夜间，不能进行测试。

（8）需要放空泄压时，要缓慢泄压。

28. 直读式验封仪分层注水井验封

准备工作：

（1）正确穿戴劳动保护用品。

（2）工用具、材料准备：450mm、600mm、900mm管钳各1把，300mm活动扳手2把，秒表1块，电缆测试滑轮支架及地滑轮1套，测试防喷装置1套，双滚筒联动试井车1台，直读式验封仪1套，擦布若干。

操作程序：

操作前必须了解井下管柱结构、配注水量、压力，以及正常注水时的压力和注水量。

（1）联动测试车的正确停放。在现场条件允许的情况下，将测试车辆停放在上风口，且电缆出口要对着注水井的井口。

（2）启动联动测试车上的逆变车载电源，正常给笔记本和仪器供电。

（3）检查验封仪打压皮囊是否破损，如有破损必须换掉。

（4）测试电缆的绝缘电阻，正常应在50MΩ以上。

（5）安装井口防喷管和脚蹬支架，安装天滑轮并将天滑轮侧倒一边。

（6）拉出电缆时，电缆线的长度要适当，并且要防止电缆打折。去掉电缆头和验封仪的保护套并将它们连接起来（连接时检查电缆头与验封仪对接的密封圈是否有损坏）。

（7）将电源线、通信线和井下供电线与地面仪正确连接后，启动地面仪，连续测试验封仪的支撑臂弹开、收回2～3次无误后，收回支撑臂，再次检测仪器的固定螺栓和密封圈是否完好无误。

（8）装入防喷管中，安装测试堵头，将天滑轮固定对准绞车。

（9）将防喷管上泄压阀关闭，慢慢打开测试阀，待水充满放空管后将阀门彻底打开，将验封仪慢慢送入井下，直到验封仪的自重可以带动电缆线下落时松开，由电缆车控制在以大约80m/min的速度下放。

（10）在验封仪下井的同时，软件操作人员启动控制软件，开始测量曲线。

（11）当仪器下放至第一级配水器以上50m时，以30m/min的速度下放到最后一级配水器上方3～5m处；电脑发送指令"放开"支撑臂，摘掉滚筒离合器装置，松开刹车，使验封仪下放坐入层段配水器，电脑检测支撑臂是否处于对接状态。

（12）处于对接状态后电脑发送指令开始"打压"，根据"打压设定"或"圈数设定"验封仪开始对皮囊打压，当"皮囊压差"或"旋转圈数"达到设定值后打压停止。

（13）根据油田实际情况采用"开—关—开"或"关—开—关"，每个工作状态下仪器应在工作筒上停留3～5min；其中开井压力为正常注水压力。

（14）完成后电脑发送指令开始"泄压"，"皮囊压差"和"旋转圈数"都回归"0"。然后上提仪器。

（15）根据方案由下至上完成全井段验封工作。

（16）上起验封仪进入防喷管内，关闭测试阀或清蜡阀后放空，软件操作人员点击"停止"按钮保存验封资料，卸掉防喷头，取出验封仪，倒好正常注水流程。

操作安全提示：

（1）仪器上提下放井速度应控制在100m/min内。

（2）仪器上提距井口150m减速，距井口20m停车，手摇绞车将仪器起至防喷管内。

（3）关闭测试阀或清蜡阀时应先关闭至2/3处，探闸板，确认仪器进入防喷管后，关死测试阀或清蜡阀。

（4）"开—关—开"或"关—开—关"井时要平稳，侧身操作。

（5）在正常注水及验封过程中的每个操作过程结束，下一项操作过程开始前，分别录取井口注水压力及井口水表水量，若发现异常，其处理情况要详细记录。

（6）有停注层的井，应先捞出死嘴子，投入堵塞器，再进行验封。

29. 综合测试仪的测试前检查

准备工作：

（1）正确穿戴劳动保护用品。

（2）工用具、材料准备：综合测试仪专用工具1套，200mm活动扳手1把，100mm一字形、十字形螺丝刀各1把，500型万用表1块，综合测试仪1台，擦布若干。

操作程序：

（1）检查并确认仪器主机及载荷位移传感器的电压正常，能满足测试要求。

（2）检查并确认综合测试仪操作面板完好，各操作键灵活有效。

（3）检查并确认传输电缆、信号电缆及插头齐全、良好。

（4）检查并确认载荷位移传感器、电流传感器外观完好，部件齐全，螺栓紧固，无变形损坏。

（5）检查位移拉线，确保拉出后能自动回位，无发卡现象。

（6）检查并确认液面发声装置齐全完好，各接头螺纹良好。

（7）检查并确认击发机构良好，检查测试微音器。

（8）连接好信号线，打开电源，模拟输入井号、测试日期、套压等数据。

（9）模拟动液面和示功图测试，检验仪器测试性能。

（10）关机后拔下信号电缆，收拾工具，恢复原貌。

操作安全提示：

（1）插接通信电缆时，要在关机下进行。

（2）检查螺纹时戴好手套，防止螺纹伤手。

（3）检查电源时，平稳操作，防止发生触电伤人。

30. 拆装保养气动井口连接器

准备工作：

（1）正确穿戴劳动保护用品。

（2）工用具、材料准备：300mm 活动扳手 1 把，150mm 一字形螺丝刀 1 把，勾头扳手 1 把，气动井口连接器 1 套，黄油 500g，擦布若干。

操作程序：

（1）用擦布清除井口连接器表面的油污，检查短节螺纹是否有损坏。

(2) 卸下击发连杆、充气孔接头。

(3) 卸下击发装置压盖，检查螺纹是否有损坏。

(4) 卸下阀杆支座，取出阀座密封圈、阀杆、阀杆密封圈、弹簧、调整螺母。

(5) 卸下微音器室，取出微音器，检查传压孔是否畅通。

(6) 卸下放气阀，检查放气孔是否畅通。

(7) 用擦布清洁各零部件，螺纹处涂上适量黄油。

(8) 按相反顺序组装井口连接器。

操作安全提示：

(1) 卸下阀杆支座时要注意安全，防止弹簧件弹出伤人。

(2) 拆装零部件时，不宜操作过度，否则易造成零部件损坏。

(3) 使用专用工具时要平稳操作，防止工具脱出伤人。

31. 使用综合测试仪测试示功图

准备工作：

(1) 正确穿戴劳动保护用品。

(2) 工用具、材料准备：450mm管钳1把，试电笔1支，六棱扳手1套，加力杠1根，综合测试仪1台，载荷、位移传感器1台，方卡子2套，擦布若干。

操作程序：

(1) 用试电笔验电后，使抽油机驴头停在接近下死点以上10～20cm位置处，刹好车。

(2) 打好方卡子，卸载后，顶开悬绳器上、下压盘，顶开距离大于仪器压板厚度约5mm。

(3) 操作者要站在井口一侧将载荷、位移传感器平整地装在两夹板中间，松刹车使传感器平稳受力，刹好车，卸掉方卡子，打开传感器开关（或连接好信号电缆），拉下位移线固定在井口上。

（4）松刹车启抽，待抽油机运转 5～10min 后，开始测试示功图。

（5）打开仪器电源开关，输入井号、日期，按功图键进行示功图测试。

（6）测试完毕后，停抽油机，刹好刹车，收回位移线，关闭传感器开关。

（7）安装方卡子，卸载后取下载荷传感器，松刹车，加载后刹好车。

（8）卸下方卡子，启动抽油机，听抽油机无异响后方可离开。

操作安全提示：

（1）启停抽油机前一定要用试电笔验电，防止发生触电事故。

（2）按启动开关时，眼睛不准看开关，以防有弧光伤害眼睛。

（3）测试过程中，严禁面对驴头及悬绳器操作，以防仪器飞出伤人。

（4）卸装方卡子时，手不准抓光杆，以防方卡子掉落伤人。

32. 使用综合测试仪测试动液面

准备工作：

（1）正确穿戴劳动保护用品。

（2）工用具、材料准备：600mm 管钳 1 把，100mm 一字形螺丝刀 1 把，试电笔 1 支，专用勾头扳手 1 把，综合测试仪1台,井口连接器1套,信号电缆一根。

操作程序:

(1) 关闭套管阀,打开放空阀,放空后卸下套管阀堵头,把管线内死油冲净后,将气动井口连接器安装在测试短节上。

(2) 井口连接器安装好后,关闭连接器的放空阀。

(3) 缓慢打开套管阀,使枪体充满套管气,确保井口连接器密闭后再打开套管阀。

(4) 用信号电缆将井口连接器与测试仪连接。

(5) 打开测试仪电源,设置井号、测试日期,可根据套压值大小设置适当的增益值。

(6) 迅速拍击击发杆产生高能量的次声波声源,在记录仪上对反射波形进行确认,不满足质量要求时需要对增益值进行适当调整。

(7) 直到测出符合质量要求的液面曲线后,关闭套管阀,打开放空阀,放掉井口连接器中剩余的套管气,拆除连接信号电缆。

(8) 卸下井口连接器,安装好套管堵头。

操作安全提示:

(1) 连接部位漏气严重,易发生中毒及火灾事故。

(2) 操作人员不准正对着井口连接器的放气阀出气口、套管阀中轴线方向及套管口方向,以防伤人。

(3) 对螺杆泵采油井,操作人员不应站在驱动飞轮的一侧。

(4) 操作人员不准正对着井口连接器,以防井口连接器飞出伤人。

(5) 开关阀门时,要侧身操作,以防丝杠弹出伤人。

33. 典型示功图分析

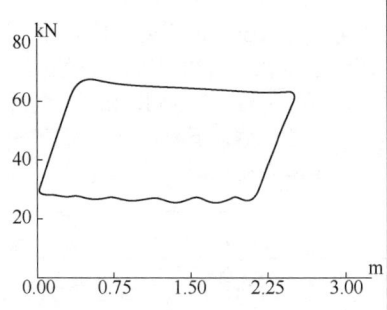

图形分析：示功图与理论示功图差异不大，说明泵的沉没度大、供液充足、游动阀和固定阀能够及时开闭。泵效高，能够迅速加载和卸载。除了轻微振动引起一些微小波纹外，其他因素的影响不明显。

产生原因：正常示功图。

管理措施：井供液充足，沉没度大，仍有生产潜力可挖，可以将机抽参数调整到最大，以求得最大产量，发挥井筒应有的产能水平。

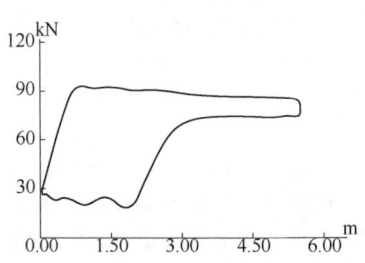

图形分析：示功图卸载部分呈刀把状，是由于深井泵的工作制度不合理，油层供液能力低，上冲程时井液不能完全将工作筒充满，因而下冲程开始时，并不能及时卸载，只有当活塞撞击液面时才能卸载造成的。

产生原因：供液不足。

管理措施：间抽；调小参数；换小泵；加深泵挂；加强连通注水井的注入量。

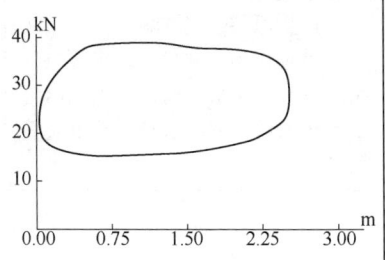

图形分析：示功图图形肥大，四角呈圆形，是由于油稠，使摩擦等附加阻力变大，造成上负荷线偏高，下负荷线偏低。

产生原因：稠油影响。

管理措施：替入热液；调参数；掺水降黏；掺轻油；加化学药剂降黏降稠；制订合理的热洗周期；增大热洗温度。

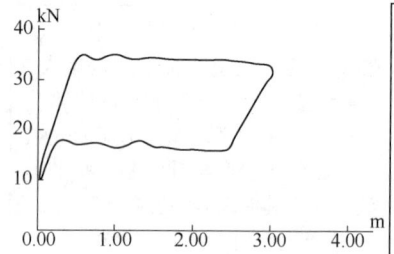

图形分析：示功图左下角产生"撞击"尾巴。由于防冲距过小，下冲程活塞撞击固定阀产生撞击，振动复合呈波状不规则变化。

产生原因：下碰。

管理措施：调防冲距。

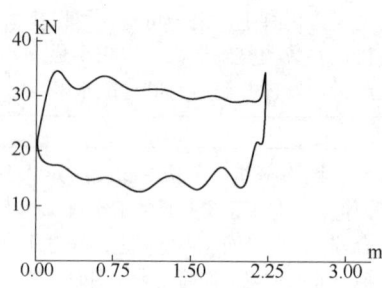

图形分析：图形在右上方有凸起。这是因为抽油杆长度不合适，使光杆下第一个接箍进入采油树，在井口刮碰。

产生原因：上碰。

管理措施：调防冲距；加长光杆；更换第一根抽油杆。

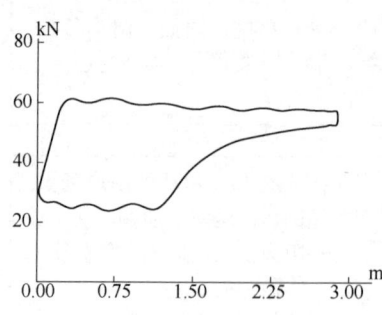

图形分析：示功图在卸载线上产生向里凹的弯曲弧线。这是由于油井含有大量游离气，上冲程时部分气体进入泵筒，并占据泵筒部分空间，下冲程时，活塞首先压缩气体，使卸载过程变缓、变慢造成的。

产生原因：气影响。

管理措施：井口安装定压放气阀；不影响含水的前提下加强出气层的注入量；加深泵挂；井下安装气锚。

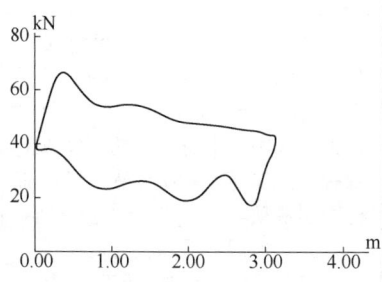

图形分析：示功图呈倾斜四边形。这是由于抽油机冲次过快，使抽油杆柱受到较大的惯性，惯性力在上冲程时加速度由大变小，方向向上，下冲程时加速度由小变大，方向向下，造成图形波动、偏转，冲次增加，偏转角度加大。

产生原因：惯性影响。

管理措施：调平衡；减少冲次。

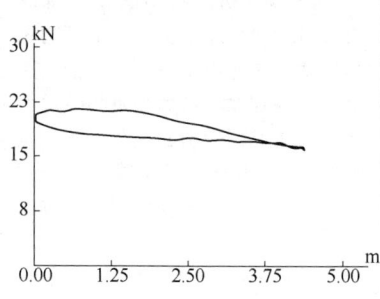

图形分析：示功图呈窄条形，位于最大理论负荷线附近。这是由于油井能量较高，转抽后造成油井抽喷，在整个抽汲过程中，游动阀和固定阀都是处于关闭不严的状态，液柱载荷几乎不能加到悬点上，载荷的变化和示功图的位置取决于油井的自喷能力和液体的黏度。

产生原因：连抽带喷。

管理措施：放大生产参数；使用电泵生产。

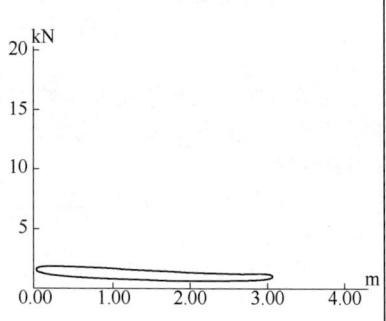

图形分析：示功图呈水平窄条形，位于最小理论值附近靠向基线位置。这是由于抽油杆出现弹性疲劳，深井泵遇卡，使抽油杆柱超过拉伸屈服极限而断裂，悬点负荷只有抽油杆在液体中的重量，上下冲程为不能加载、卸载；断脱位置越接近井口，图形越接近基线。

产生原因：抽油杆断脱。

管理措施：打捞光杆；近井口处采油队打捞，远井口处作业打捞。

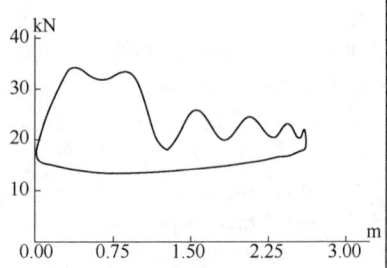

图形分析：示功图卸载线出现不规则波状曲线，形如倒置"菜刀"。这是防冲距过大或光杆冲程过大造成的，上行时活塞部分或全部脱出工作筒，载荷突然下降，油杆剧烈跳动。

产生原因：活塞脱出工作筒。

管理措施：检泵；调防冲距。

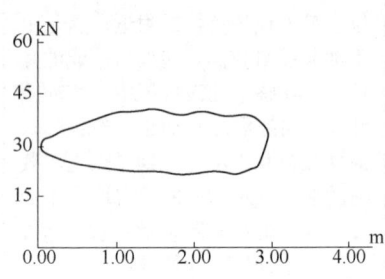

图形分析：示功图左上部缺失，增载线呈左下尖、右上圆的圆弧形状。这是由于游动阀磨损、阀上有蜡等脏物，衬套和泵间隙过大等原因造成漏失引起加载变缓。漏失量越大，增载线倾角越小。

产生原因：游动阀漏失或排出部分漏失。

管理措施：碰泵；热洗；检泵。

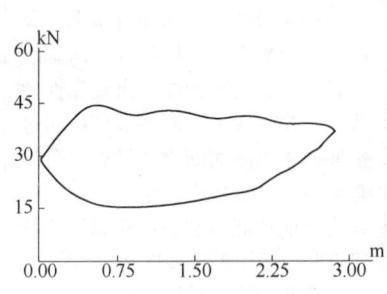

图形分析：示功图右下部缺失，卸载线呈右上尖、左下圆的圆弧状。增载线明显，卸载线圆滑。这是固定阀座配合不严，阀罩内落入脏物或结蜡而卡住阀球等原因造成漏失，造成增载提前，卸载变缓。

产生原因：固定阀漏失或吸入部分漏失。

管理措施：碰泵；热洗；检泵。

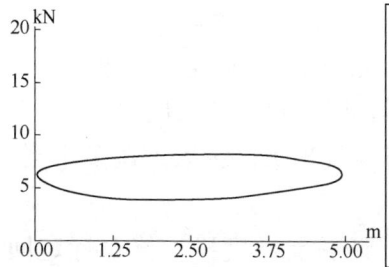

图形分析：示功图呈椭圆形。这是由于砂蜡和磨损等复杂情况，造成双阀门同时漏失，延缓了增载、卸载过程，致使增载卸载部分缺失。

产生原因：双阀门漏失。

管理措施：碰泵；热洗；检泵。

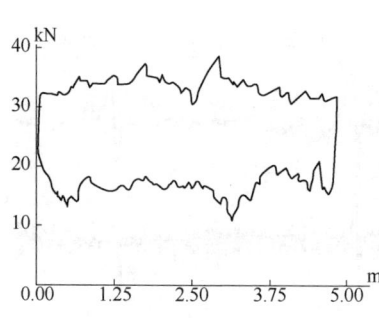

图形分析：示功图上产生不规则的锯齿状尖峰。这是由于油层出砂，细小的砂粒随着油流进入泵内，造成活塞在工作筒内遇卡，使光杆负荷在短时间内发生剧烈变形。

产生原因：砂影响。

管理措施：下入砂锚；使用防砂抽油泵；作业除砂；人工井壁防砂；化学胶结防砂。

34. 液面资料分析及计算

（1）液面资料分析。

① 图形分析：测试液面时有干扰波，无法分辨出液面波位置。

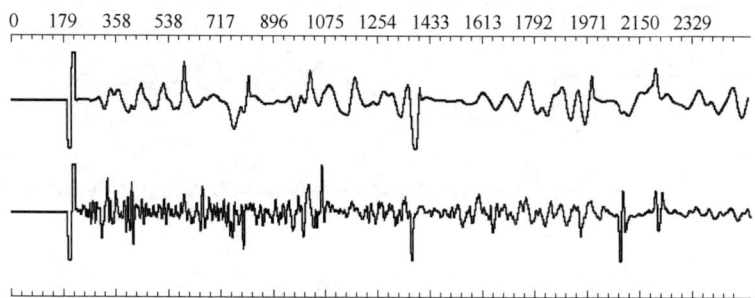

产生原因：仪器本身问题；井筒不干净。

处理方法：重新标定回声仪；热洗井稳定后，重测。

② 图形分析：测试液面操作时有自激现象出现。

产生原因：井口震动或有漏气现象；灵敏度调节不当；仪器性能不稳定等。

处理方法：调整、紧固；调整灵敏度；检修、标定回音仪。

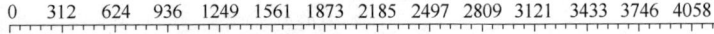
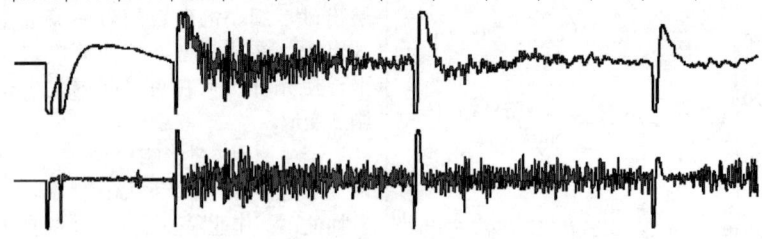

③ 图形分析：井口波严重脱挡。

产生原因：灵敏度挡位调节过大；套管阀没开到位。

处理方法：降低灵敏度挡位重测；重新打开套管阀。

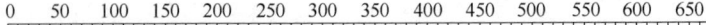
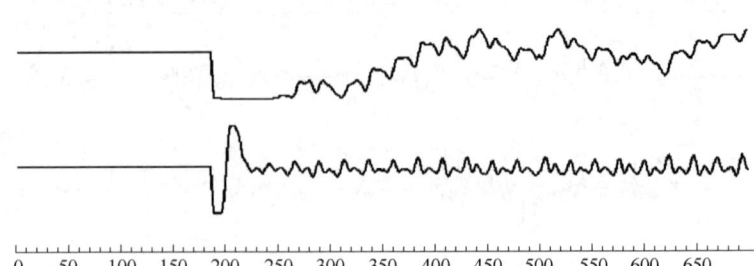

④ 图形分析：液面曲线长度不足，未测出二次波。

产生原因：测试等待时间短，未测到反射波，关机过早造成。

处理方法：延长测试时间，等待足够时间，待二次波出现后再关机。

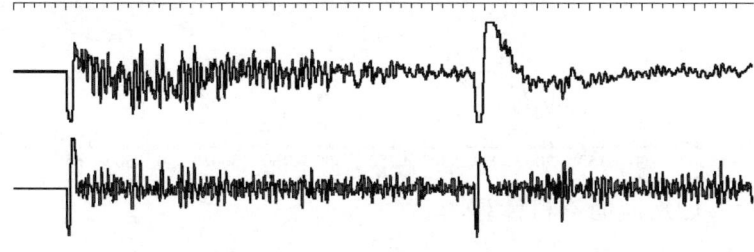

⑤ 图形分析：液面曲线上未测出液面波。

产生原因：灵敏度挡位调节过低。

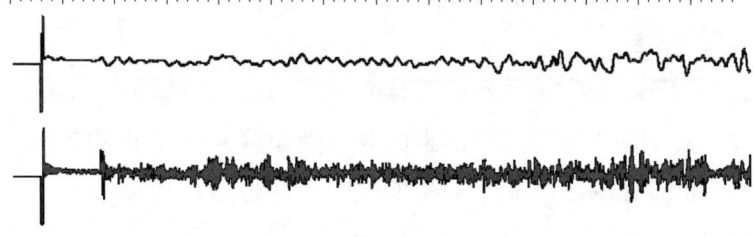

处理方法：调大灵敏度重新测试。

⑥ 图形分析：液面曲线只有井口波，其余部分均为直线。

产生原因：套压太低（小于 0.2MPa）或无套管气，没有传送介质，声音无法在井筒内传播。

处理方法：在井口连接器后接头处安装氮气瓶或待套压

升高后再测；采取关闭油套连通阀憋高套压的方法，重新进行测试。

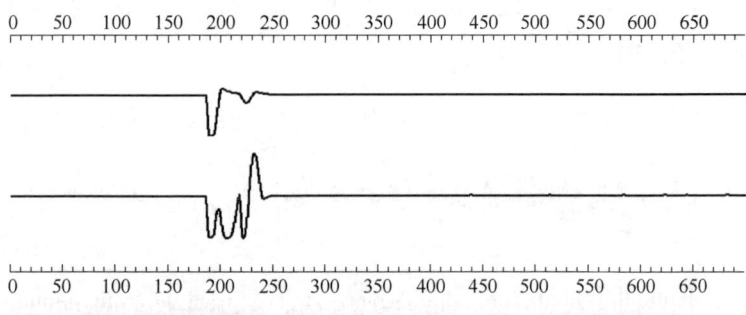

(2) 液面资料计算。

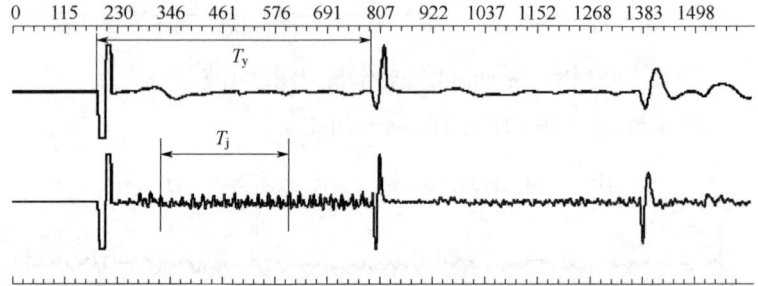

① 对油管接箍波较清晰的井，液面深度计算步骤如下：

a. 油管接箍波的平均反射接收时间按下式计算。

$$t = \frac{T_j}{n}$$

式中　t ——油管接箍波平均反射接收时间，s；

　　　T_j ——油管接箍波曲线上选择的油管接箍波较清晰一段的时间，通常取大于5个接箍波长度的时间，s；

　　　n ——在油管接箍波曲线上选用的一段曲线内接箍波

的个数，个。

b. 液面以上油管根数按下式计算。

$$N = \frac{T_y}{t}$$

式中　N——液面以上油管根数，根，通常取 10 的整数倍；
　　　T_y——液面曲线上的回波时间，s。

c. 音速按下式计算。

$$v = \frac{2\Sigma h}{Nt}$$

式中　v——声音在油套环形空间中的传播速度，m/s；
　　　Σh——施工总结记录上 N 根油管总长度，m。

d. 液面深度计算按下式计算。

$$H = \frac{vT_y}{2}$$

式中　H——测试井的液面深度，m。

② 对液面深度小于 50m 且接箍波不明显的井，可用该井所在地区平均音速或套压与音速的关系曲线计算出测试井的音速，按下式计算液面深度。

$$H = \frac{\overline{v}\,T_y}{2}$$

式中　$\overline{v}$——测试井区域内的平均声速或根据套压与音速关系曲线计算出的本井的音速，m/s。

35. 注水井测试时的开、关井操作

准备工作：

(1) 正确穿戴劳动保护用品。

(2) 工用具、材料准备：600mm 管钳 1 把，F 形扳手 1 把，瞬时水表或秒表 1 块，注水井 1 口，笔 1 支，纸若干。

操作程序：

(1) 检查生产阀、总阀、套管阀、油管放空阀、套管放空阀是否灵活好用。

(2) 关生产阀，关总阀，开油管放空阀。

(3) 卸开丝堵，安装防喷装置。

(4) 在安装完井口防喷装置后，关油管放空阀，缓慢打开总阀，待油管压力与防喷装置压力平衡时，将阀门全部打开，再打开生产阀；控制好注水量及注水压力，准备测试。

(5) 测试完毕后，关生产阀，关总阀，开油管放空阀。

(6) 卸防喷装置，上丝堵，关油管放空阀，开总阀，开生产阀。

(7) 按配注牌要求，控制好注水压力及注水量。

(8) 收拾工具，清理现场，通知采油工（管井负责人）测试完成。

操作安全提示：

(1) 开关阀门时，要侧身操作，缓慢开关。

(2) F 形扳手开口朝外，咬住阀门手轮，扳动扳手手柄。

(3) 冬季关井要防止管线冻结。

36. 启停抽油机

准备工作：

(1) 正确穿戴劳动保护用品。

(2) 工用具、材料准备：试电笔 1 支，抽油机井 1 口，绝缘手套 1 副，细纱布若干，报表 1 张，笔 1 支。

操作程序：

（1）启动抽油机。

① 操作前的检查。

a. 检查抽油机各连接部位是否牢固可靠，刹车是否完好灵活，皮带有无损伤，松紧是否合适。

b. 检查刹车是否完整、灵活、可靠，有无自锁现象。

c. 检查井口设备是否完好，防喷盒密封填料、井口阀门有无渗漏。

d. 检查并确认井口生产流程正常，出油管线畅通。

② 戴绝缘手套，用试电笔对配电箱验电后打开配电箱，确认电路设备完好。

③ 松开刹车，对于新井或长停井，重新开抽前，应人工盘动皮带观察是否有卡的现象。

④ 合空气开关，点按启动按钮，让曲柄摆动。如连续 3～4 次仍不能启动时应停车检查。

⑤ 当曲柄摆动方向与抽油机运转方向一致时，再按下启动按钮，顺势启动抽油机。

⑥ 待电动机运转正常后将手柄推至运行位置；检查抽油机各部运转是否正常，是否有异响。

（2）停抽油机。

① 验电后，按停止电钮，让电动机停止工作。

② 刹紧刹车，分开空气开关，将自启开关扳到关的位置。

③ 根据油井情况，让驴头停在适当位置。

④ 一般驴头停在上冲程的 1/2～2/3 处，曲柄停在右上方（井口在左前方时），以便开抽时容易启动。

⑤ 对于出砂井，驴头停在上死点；气油比高、结蜡严

重的井及稠油井，停在下死点。

操作安全提示：

（1）打开配电箱前一定要先验电，确认安全后方可操作。

（2）操作时，戴绝缘手套，女同志的辫子要压在帽子里，并侧身操作。

（3）停机时，需检查控制箱内有无自启开关。如开关在自动位置，应将开关扳向手动。

（4）停机后，一定要拉紧刹车，将空气开关分离开。根据测试内容和本井情况，让驴头停在适当位置。

（5）启动时，曲柄摆动方向和抽油机转动方向必须一致，否则禁止启动。

（6）按启动电钮，连续启动3～4次不成功时，应停机检查。

（7）启动时，抽油机附近严禁站人，特别是曲柄旋转处。

（8）盘动皮带时禁止用手抓皮带。

37. 抽油机井开井操作

准备工作：

（1）正确穿戴劳动保护用品。

（2）工用具、材料准备：600mm管钳1把，375mm、300mm活动扳手各1把，钳形电流表1块，绝缘手套1副，验电器1支，安全警示牌1块，污油桶1个，黄油、细纱布、记录笔1支，记录纸若干，计算器1个。

操作程序：

（1）开井前检查。

① 检查并确认井口设备、地面设施、安全防护栏、工

艺流程、仪表齐全完好、灵活好用。

② 检查并确认方卡子紧固，密封盒内有密封填料且松紧合适，光杆密封器两翼密封胶皮处于开启位置，毛辫子长度合适，无打扭、断股。

③ 检查并确认刹车配件齐全、灵活好用，刹车锁块在其行程范围的 $1/2 \sim 2/3$ 处。

④ 检查并确认抽油机各部件的固定螺栓、轴承螺栓、驴头销子螺栓、曲柄差动螺栓、平衡块螺栓、曲柄销子螺栓无松动。

⑤ 检查并确认传动皮带无缺损，无油污，松紧合适，电动机皮带轮和减速箱皮带轮达到"四点一线"。

⑥ 检查并确认电器接线牢固，保险型（片）规格合适，安装牢靠，指示灯良好，电气设备接地、接零良好，防雨措施到位。

⑦ 检查并确认曲柄轴、减速箱及电动机皮带轮、刹车轮的键无缺损。

⑧ 检查并确认带压杠的抽油机压杠齐全、紧固，螺栓无松动。

（2）倒流程。

① 侧身开计量站下游阀，将流程倒为单井正常生产状态。

② 侧身缓慢开回压阀，检查无渗漏，全部打开。观察并记录回压、套压值。

③ 侧身缓慢开生产阀。

④ 将密封盒压盖松半扣。

（3）开抽。

① 检查并确认抽油机周围无障碍物，缓慢松刹车。

② 戴绝缘手套侧身合电源开关，验电器验电，测电控柜外壳确认无电，戴绝缘手套打开电控柜门，侧身合空气开关送电。

③ 侧身按"启动"按钮，点启动抽油机，观察曲柄转向，若反转则切断电源，调整电源相序，利用惯性二次启动抽油机。

④ 记录开井时间，关好电控柜门。

操作安全提示：

(1) 操作前必须用试电笔验配电柜是否带电。

(2) 开井前一定要与采油工联系、沟通，保证计量间内流程符合开井要求。

(3) 若抽油机因故不能及时启抽，要通知采油队处理。

(4) 使用F形扳手或管钳开阀门时，注意开口向外。

(5) 操作前一定要打开计量站门窗通风换气，确保安全通道畅通。

(6) 拉、合空气开关一定要戴好绝缘手套。

(7) 操作前一定要用试电笔验配电柜是否带电。

38. 万用表的使用

准备工作：

(1) 正确穿戴劳动保护用品。

(2) 工用具、材料准备：75mm一字形螺丝刀1把，MF500型万用笔1块，不同阻值的电阻3只，电池1块，交流电源1台。

操作程序：

(1) 检查万用表校验合格证书，对万用表机械调零。正确选择红、黑颜色表笔插入测试孔。

(2) 测量电阻：将挡位开关置于"Ω"挡，将量程开关置于相应范围内,将两表笔短接,进行"Ω调零",然后将被测电阻接在两表笔之间。表盘上的读数乘以量程开关的倍数即为所测电阻值。

(3) 测直流电流:将挡位开关置于"mA",将量程开关置于相应范围内,然后按电流从正到负的方向将万用表串联到被测电路中,在直流电流刻度下,读出数值。

(4) 测直流电压:将挡位开关置于"V",将量程开关置于相应范围内,将两表笔按正负极并联到被测电路两端,在直流电压刻度下读数。

(5) 测交流电压:将挡位开关置于"V",将量程开关置于相应范围内,将表笔置于被测电压两端,在交流电压刻度盘读数。

(6) 测后恢复,万用表恢复到安全挡位,测后收表笔线。

操作安全提示:

(1) 测量直流电压时,必须注意极性,不能用直流挡测交流。

(2) 测量时应正确连接正负极,以免表针反向偏转损坏表头。

(3) 测量时应用手握住测试笔杆,不应用手接触测试笔尖和被测元件。

(4) 测量电压时,尤其是高压时应注意安全,最好一只手将表笔固定,另一只手拿表笔触及测试点。

39. 兆欧表的使用

准备工作:

(1) 正确穿戴劳动保护用品。

(2) 工用具、材料准备:200mm 活动扳手 1 把,75mm

一字形、十字形螺丝刀各1把，兆欧表1只，被测设备1台，擦布、砂纸若干。

操作程序：

（1）检查兆欧表校验合格证书，检查兆欧表外观是否正常，将兆欧表水平放置，L和E两接线桩分别接入红、黑两表笔。

（2）对兆欧表进行短路验表和开路验表。将L和E接线两表笔短接，慢慢摇动手柄，指针迅速指零，所进行的短路验表合格；将L和E接线两表笔开路，以120r/min的速度摇动手柄，表针指示"∞"，所进行的开路验表合格。

（3）检查被测电气设备，其接线应与电源彻底切断，绝对不允许设备和线路带电时用兆欧表去测量。

（4）测量前，应对设备和线路先行放电，以免设备或线路的电容放电，危及人身安全和损坏兆欧表，测量时将被测试点擦拭干净。

（5）接线正确无误，兆欧表有3个接线桩，"E"（接地）、"L"（线路）和"G"（保护环或屏蔽端子）。

（6）摇动手柄的转速要均匀，转速为120r/min，通常摇动1min待指针稳定后进行读数。测量中若指针指零，应立即停止摇动手柄。

（7）测完后先拆去接线，再停止摇动。

（8）测量完毕，应对被测设备进行充分放电，兆欧表未停止转动以前，切勿用手去触及设备的测量部分或兆欧表接线桩。拆线时也不可直接去触及引线的裸露部分。

操作安全提示：

（1）测量前，被测设备必须与其他电源断开，测量完毕一定要将被测设备充分放电，以保护设备及人身安全。

（2）兆欧表与被测设备之间应使用单股线分开单独连接，并保持线路表面清洁干燥，避免因线与线之间绝缘不良引起误差。注意在摇动手柄时不得让 L 和 E 短接时间过长，否则将损坏兆欧表。

（3）摇动手柄时，应由慢渐快，均匀加速到 120r/min，并注意防止触电。

（4）为了防止被测设备表面泄漏电阻，使用兆欧表时，应将被测设备的中间层（如电缆壳芯之间的内层绝缘物）接于保护环。

（5）禁止在雷电时或附近有高压导体的设备上测量绝缘电阻。只有在设备不带电又不可能受其他电源感应而带电的情况下才可测量。

 常见故障判断与分析

1. 注水井油压升高故障有什么现象？故障原因有哪些？如何处理？

故障现象：

（1）注水井注入或测试过程中，井口油压表压力值与井下流量计测得压力突然升高。

（2）测试过程中，泵压没有变化，井下流量计压力突然升高，所测流量反而下降。

故障原因：

（1）泵压升高或下游阀跳闸，造成油压升高。

（2）注入水质不合格，管柱结垢，造成水嘴堵塞、滤网堵塞或射孔孔眼堵塞；地层堵塞或吸水能力下降。

处理方法：

（1）合理控制好注水压力和注水量。

（2）反洗井解堵，严格把好注入水质关；如问题仍未解决则采取酸化、压裂等增注措施。

2. 注水井油压下降故障有什么现象？故障原因有哪些？如何处理？

故障现象：

（1）注水井测试过程中，井口油压表示值或流量计测得压力突然下降较多。

（2）注水井注水压力下降，注水量反而增加。

故障原因：

（1）地面因素：地面管线漏失。

（2）井下因素：封隔器失效；管外水泥窜槽；底部单流阀密封不严；水嘴脱落或刺大；油管漏失等。

（3）地层因素：采取增注措施后，油层吸水能力增强。

处理方法：

（1）及时封堵管线漏失。

（2）更换合适的水嘴；进行洗井处理；重新释放封隔器；进行作业处理。

（3）重新调配，合理控制好注水压力和注水量。

3. 注水井井口油压与井下仪器测试压力不符时，因地面流程引起的故障的原因有哪些？如何处理？

故障原因：

（1）测试时井口生产阀闸板脱落或未全部打开造成憋压。

（2）井口过滤器或地面管线堵塞、穿孔，导致注水井油压与井下仪器压力不符。

（3）取压装置失效、油缸缺油，造成油压表取值不准确。

（4）冬季防冻装置密封圈失效，造成油压表冻堵，取值不准确。

（5）传压介质脏污，取压阀堵塞或损坏，造成油压表取值不准确。

处理方法：

（1）倒流程时应将生产阀全部打开，阀门有损坏时及时更换。

（2）清理井口过滤器，冲洗注水管线，对穿孔部位进行补焊。

（3）更换取压装置，加注液压油。

（4）更换活塞密封圈装置，冬季应加注防冻油。

（5）清除堵塞，使用专用液压油，更换取压阀。

4. 注水井井口油压与井下仪器测试压力不符时，因测试仪器引起的故障的原因有哪些？如何处理？

故障原因：

（1）测试仪器压力传感器、温度传感器出现故障。

（2）测试仪器未按时标定，导致测试仪器所测压力不准确。

（3）测试仪器传压部位有堵塞，导致所测压力不准确。

（4）吊测对比注水压力时测试仪器下入井内过深。

（5）测试仪器电池电压过低或进行电缆测试时缆头电压过低，导致测试压力不准确。

处理方法：

（1）更换压力传感器、温度传感器，并标定。

(2) 按检定周期标定仪器。

(3) 使用前后应及时清洗仪器传压部分。

(4) 吊测对比注水压力时仪器不宜下得过深，应尽可能接近于井口油压表。

(5) 测试前检测电池电压，使用电缆测试时按仪器要求调整缆头电压，保证仪器正常工作。

5. 注水井水表水量与井下流量计测试水量不符，因地面水表引起的故障的原因有哪些？如何处理？

故障原因：

(1) 注入水质脏污，造成水表运转时下部翼轮卡阻、损坏，转动不灵活，导致水表水量与井下流量计水量不符。

(2) 水质不合格，有油污，污物堵塞翼轮盒下部，过流面积变小，流速加快，水表翼轮转速加快，导致水表水量高于井下流量计水量。

(3) 水表下部未安装密封胶垫，部分流体从翼轮盒外部注入井下，导致水表水量低于井下流量计水量。

(4) 水表上部计数器齿轮发卡，导致水表计数不准确。

(5) 水表下部直管段管线结垢，直径变小，流经水表的流体流速加快，导致水表水量高于井下流量计水量。

(6) 水表未按时检定，造成水表与井下流量计水量误差过大。

(7) 注入量与水表量程不匹配，导致水表水量与井下流量计水量不符。

处理方法：

(1) 改善注入水质，冲洗注水干线。

（2）卸下水表清除污物，如水表损坏应更换。

（3）换水表时一定要安装密封胶垫。

（4）水表上部计数器齿轮发卡时，应停止使用，更换新的水表。

（5）清除水表壳体污垢，更换下部管线。

（6）按时检定水表，避免计量误差。

（7）选择量程合适的水表，临时放大水量时，不要超过水表量程。

6. 注水井水表水量与井下流量计测试水量不符，因地面流程引起的故障的原因有哪些？如何处理？

故障原因：

（1）水表至井口段地面管线有漏失，导致水表水量高于井下流量计水量。

（2）测试堵头溢流量过大，导致水表水量高于井下流量计水量。

（3）注水井套管阀损坏或未关严，部分水经套管阀注入井下，导致水表水量高于井下流量计水量。

处理方法：

（1）关井泄压后对漏点进行补焊。

（2）测试堵头溢流量过大应及时更换堵头密封填料。

（3）检查并关闭套管阀，套管阀密封不严应及时维修更换。

7. 注水井水表水量与井下流量计测试水量不符，因测试仪器引起的故障的原因有哪些？如何处理？

故障原因：

（1）井下流量计未按时检定，导致测试水量与注水井水表水量误差过大。

(2) 井下流量计探头上有油污，导致测试水量低于注水井水表水量。

(3) 井下流量计扶正器损坏，测试仪器偏离井筒中心位置，导致测试水量不准确。

(4) 井下流量计电池电压或使用电缆测试时缆头电压过低，导致测试水量不准确。

处理方法：

(1) 按时检定井下流量计，发现问题及时送检。

(2) 井下流量计下井前应清除流量计探头上的油污，注水井井下管柱油污过多时应洗井后再测试。

(3) 维修更换井下流量计扶正器，保证仪器处于井筒中心。

(4) 测试前检测电池电压，使用电缆测试时按仪器要求调整缆头电压，保证仪器正常工作。

8. 注水井水表水量与井下流量计测试水量不符，因井下管柱引起的故障的原因有哪些？如何处理？

故障原因：

(1) 井下管柱结垢严重，直径变小，导致井下流量计测试流量增多。

(2) 井内油管头漏失，部分水从套管注入，导致注水井水表水量高于井下流量计测试水量。

(3) 偏一层段停测位置到井口处管柱有漏失，导致井下流量计测试水量低于注水井水表水量。

处理方法：

(1) 清理管柱或换管。

(2) 更换法兰处钢圈或油管头。

(3) 利用吊测法查找漏点，更换漏失管柱。

9. 测试时，因操作问题造成注水井水表与流量计水量不符的故障的原因有哪些？如何处理？

故障原因：

（1）调整水量后，稳定时间不足，仪器下井后进行流量测试时，水量发生变化。

（2）采用非集流式流量计测试时停测位置不当，导致测试水量与注水井水表水量不符。

（3）采用非集流式流量计测试时，停测时，刹车未刹死出现溜车现象，导致测试水量低于注水井水表水量。

（4）采用集流式流量计测试时，密封圈或皮碗尺寸不合适或损坏，仪器上部加重不足未坐严，导致测试水量低于水表水量。

处理方法：

（1）调整水量后应稳定注水 20min 再进行测试。

（2）采用非集流流量计测试时应避开封隔器等位置。

（3）采用非集流流量计测试时应将刹车刹死，避免出现溜车现象。

（4）采用集流式流量计测试时，调整密封圈或皮碗过盈尺寸，损坏应及时更换，加重后应在地面进行试验，保证密封皮碗充分坐封。

10. 测试时引起注水井测试水量异常变化故障的地面影响因素有哪些？如何处理？

故障原因：

（1）注水泵站启、停注水泵，注水压力不稳定，导致注水量异常变化。

（2）测试时相连通注水井网大面积关井，测试井注水压力升高，导致注水量异常变化。

（3）测试时来水阀闸板跳动产生位移，导致注水量异常变化。

处理方法：

控制水量、压力稳定 15～20min 后重新测试。

11. 测试时引起注水井测试水量异常变化故障的井下管柱因素有哪些？如何处理？

故障原因：

（1）注水环境差，水质不合格，管柱结垢严重，造成井下水嘴或滤网堵塞，导致测试水量减少。

（2）井下水嘴刺大、脱落，造成测试水量增加。

（3）井底挡球腐蚀或被脏物卡住，造成漏失，测试时最下层段注水量增加。

（4）管柱漏失、管柱脱节，导致测试水量猛增。

（5）封隔器失效，层段间相互串通，测试水量增加。

（6）停注层堵塞器密封圈损坏或堵塞器未投严或封隔器失效，导致停注层测试时有水量。

处理方法：

（1）首先应彻底洗井，拔出水嘴清除堵塞，可适当放大水嘴，进行降压测试；改善注入水水质，更换井下管柱。

（2）捞出层段堵塞器，检查更换水嘴后重新投入堵塞器。

（3）通过反洗井进行冲洗，使挡球归位，如不能回位上报作业处理。

（4）通过逐级吊测检查漏点、投死嘴或井下管柱验封判断是否有漏失，如漏失上报作业处理。

（5）洗井后，重新释放封隔器后验封，如不能解决上报作业调整。

(6) 拔出堵塞器，检查更换密封圈重新投入；重新释放封隔器；无效后上报作业处理。

12. 注水井挡球漏失故障有什么现象？故障原因有哪些？如何处理？

故障现象：

注水量上升、压力下降，用井下流量计在接近挡球附近能测出流量。

故障原因：

(1) 有泥砂或死油，使挡球座密封不严。

(2) 挡球磨损使挡球表面不光滑。

(3) 挡球座损坏。

处理方法：

(1) 进行大排量洗井。清除泥砂或死油等脏物。

(2) 多次洗井后，挡球部位仍有漏失，应进行作业，检查井下管柱。

13. 分层注水井封隔器失效故障有什么现象？故障原因有哪些？如何判断？

故障现象：

封隔器失效后注水压力下降，注水量增加，调配时出现层间窜通现象。

故障原因：

(1) 作业修井后，封隔器未释放开，无法起到封隔作用。

(2) 封隔器胶皮筒破裂，导致封隔器失效。

(3) 井下管柱变形导致封隔器失效。

(4) 作业时，管柱下入位置不准确，封隔器卡封在油层位，失去密封作用。

(5) 套管阀密封不严或油管密封头漏失，导致封隔器失效。

判断方法：

(1) 重新释放封隔器，再次验封，根据验封资料判断是否失效。

(2) 根据同位素测井判断停注层是否吸水，若吸水则不密封。

(3) 对起出的封隔器进行打压，看连接部位及密封件是否有漏失。

(4) 最上一级封隔器失效时，可在注水情况下打开套管放空阀观察出液情况。

14. 电子压力计常见故障有什么现象？故障原因有哪些？如何处理？

故障现象：

(1) 卸开仪器后，仪器内有水珠。

(2) 所测压力卡片不完整或仪器未采点。

(3) 所测压力不准或压力曲线异常。

(4) 回放仪与压力计不能通信。

故障原因：

(1) 密封圈损坏。

(2) 电池没有电或电池电量不足。

(3) 电子压力计有故障或损坏，电子压力计的传感器有故障。

(4) 回放仪有故障；电子压力计通信口或通信线有故障。

处理方法：

(1) 更换压力计密封圈。

(2) 测压前应给回放仪及压力计的电池充足电。

(3) 更换或维修电子压力计的传感器,定期校验电子压力计。

(4) 维修或更换回放仪及通信线,并定期检查电子压力计的通信口。

15. 分层注水井验封时,密封段常见故障的原因有哪些？如何处理？

故障原因:

(1) 验封密封段胶筒过盈尺寸调整过小,无法实现密封。

(2) 验封密封段胶筒过盈尺寸调整过大,起下坐封过程中被井下工具刮漏。

(3) 验封密封段定位爪失效,导致无法坐封。

(4) 验封密封段进压孔堵塞。

(5) 与验封压力计连接部分密封圈损坏。

(6) 验封密封段胶筒固定挡圈松动,起下坐封过程中胶筒被井下工具刮翻。

处理方法:

(1) 在地面靠仪器自重压缩后最大外径应不小于46.5mm。

(2) 更换验封密封段胶筒,调整密封段胶筒,拉伸后最大外径应不大于46mm。

(3) 下井前应检查定位爪收拢后的释放情况,检查更换定位爪支撑弹簧。

(4) 清理验封密封段进压孔。

(5) 检查更换与验封压力计连接部位的密封胶圈。

(6) 重新安装验封密封段胶筒,上紧胶筒固定挡圈。

16. 注水井压力资料异常故障的原因有哪些？如何预防？

故障原因：

（1）压力计密封胶圈老化、破损，造成进液，导致未采点。

（2）压力计运送不当，造成元件损坏，导致采点异常。

（3）压力计传压孔通道堵塞或不通畅，导致测试资料出现异常。

（4）压力计采样间隔设置错误，未能满足测试需求，导致测试资料出现异常。

（5）压力计未下至设计深度或未进液面，造成测试资料报废。

（6）生产阀关闭不严，造成测试资料报废。

预防措施：

（1）压力计下井前应检查密封部件，如有破损及时更换。

（2）压力计运送时，应放入专用仪器箱内避免磕碰。

（3）压力计下井前检查传压孔应通畅，使用后应立即清洁。

（4）根据测试需要正确设置采样间隔，并应回读确认。

（5）严格执行测试设计，按深度进行测试。

（6）关井测压时，一定要将阀门关严。

17. 捞不到偏心堵塞器故障有什么现象？故障原因有哪些？如何处理？

故障现象：

打捞偏心堵塞器时，仪器坐入工作筒内，上提投捞器，指重装置负荷没有明显变化，井口压力水量无变化，仪器起出后未捞到偏心堵塞器。

故障原因：

(1) 投捞器投捞爪角度不合适。

(2) 工作筒内腐蚀严重，偏心堵塞器上部有铁锈、泥沙等脏物使投捞爪上的打捞头抓不住堵塞器打捞杆。

(3) 工作筒质量有问题，导向体开口槽与偏心孔不同心。

(4) 偏心堵塞器的打捞杆弯曲。

(5) 所捞层无堵塞器。

处理方法：

(1) 调整投捞器投捞爪角度，使之合适。

(2) 大排量洗井后，再进行打捞；若多洗打捞失败，则进行修井作业解决，并加强工具下井前的检查。

(3) 更换合格的打捞头。

(4) 用专用打捞头进行打捞。

(5) 打印铅膜验证工作筒内是否有偏心堵塞器。

18. 偏心堵塞器捞到但拔不动故障有什么现象？故障原因有哪些？如何处理？

故障现象：

投捞器坐入工作筒，上提投捞器时，指重器负荷急剧增加，不能上提，卡于工作筒内。

故障原因：

(1) 偏心堵塞器 O 形密封圈过盈量太大，使仪器卡住；偏心堵塞器在井下时间过长，造成腐蚀生锈，与偏心孔成为一体；偏心堵塞器凸轮失灵。

(2) 偏心孔内有泥沙等杂物，将堵塞器卡死；偏心堵塞器或偏心孔加工不规则，有毛刺变形等质量问题。

处理方法：

（1）对于捞住后拔不出来的故障，可反复振荡并观察指重表，如采用以上办法仍不能将偏心堵塞器捞出，将配水间下游阀关死，加装地滑轮，加大反复振击的负荷。如采用以上办法仍不能将偏心堵塞器捞出或使投捞器脱卡，可将钢丝在投捞器绳帽处拔断，下打捞工具打捞，打捞工具串采用加重杆、长冲程的弹簧振荡器、卡瓦打捞筒进行打捞。

（2）如采用以上办法仍无效果，将采取作业的办法来解决。

19. 偏心堵塞器投不进去故障有什么现象？故障原因有哪些？如何处理？

故障现象：

投送偏心堵塞器时，仪器坐入工作筒，地面压力、水量没有变化，上提仪器时，负荷变化不明显，起出仪器偏心堵塞器未投送成功或掉入投捞器防落袋内。

故障原因：

（1）偏心堵塞器O形密封圈过盈量太大；偏心堵塞器加工不规则。

（2）偏心孔内有泥沙、铁锈等脏物；偏心工作筒内有堵塞器；偏心工作筒加工不规则。

（3）投捞器投捞爪角度不合适或投捞爪弹簧太软。

（4）下放过快或操作不平稳，中途碰掉。

处理方法：

（1）调整堵塞器O形密封圈过盈量的大小，使之合适。

（2）大排量洗井后重新投堵塞器；打印铅膜验证后，将原有的堵塞器捞出；最后采用作业的办法来解决。

(3) 调整投捞器投捞爪的角度，更换投捞爪的弹簧。

(4) 下放速度不要过快，操作要平稳。

20. 分层注水井测试过程中井下水嘴堵塞故障有什么现象？故障原因有哪些？如何处理？

故障现象：

测试过程中，井下水嘴堵塞时，注水井压力升高，水量降低，小层注水量下降或无法注入。

故障原因：

(1) 地面注水管线结垢或分层注水井水质不合格导致水嘴堵塞。

(2) 地面更换注水管线或水表时脏物进入注水管线，注入井下堵塞水嘴。

(3) 测试时下井仪器工具未清理，携带脏物进入井内堵塞水嘴。

(4) 井下管柱结垢，测试起下仪器过程中垢片掉落堵塞水嘴。

处理方法：

(1) 冲洗或更换地面注水管线，改善注水井水质。

(2) 拔出井下水嘴，清除堵塞。

(3) 做好仪器工具下井前的检查与清理工作。

(4) 下工具清理管柱洗井，井下管柱结垢严重时应及时更换。

21. 测试时超声波流量计故障有什么现象？故障原因有哪些？如何处理？

故障现象：

(1) 回放测试卡片，只测出压力曲线而未测出流量曲线。

(2) 回放测试卡片，只有流量曲线而未测出压力曲线。

(3) 回放测试卡片，测试资料未测完全。

(4) 井下流量计测试数据异常。

故障原因：

(1) 流量探头损坏。

(2) 压力传感器损坏。

(3) 测试过程中电池没电。

(4) 流量计停测位置不合适。

(5) 测试过程中流量计因密封圈磨损进液或操作不当造成损坏。

处理方法：

(1) 检查更换流量探头。

(2) 检查更换压力传感器。

(3) 测试前检查电池电量充足；下放或上提时一定要平稳，避免仪器损坏。

(4) 每次停测一定要将仪器起至工作筒以上3～5m处。

(5) 测试过程中，仪器起下要平稳。下井前检查流量计密封圈，若磨损严重应及时更换。

22. 回放流量计测试数据故障有什么现象？故障原因有哪些？如何处理？

故障现象：

(1) 数据回放不出来。

(2) 打开电源回放仪没有显示。

(3) 回放仪打印机不工作。

(4) 打印测试卡片时，打印纸不能自动卷出或打印一部分就停止。

故障原因：

（1）通信电缆有故障；通信电缆与回放仪通信口接触不良，测试仪器有故障。

（2）回放仪电池没有电，回放仪电源开关失灵。

（3）打印机有故障或电池电量过低，打印机无法工作。

（4）打印机驱纸机构有故障或打印纸卡死。

处理方法：

（1）维修或更换通信电缆，检查回放仪通信口，如有故障应及时修理；排除仪器故障。

（2）回放仪有故障应及时排除，回放仪电池亏电时应及时充电。

（3）及时充电，检查维修或更换打印机。

（4）清洁、检查驱纸机构，重新安装打印纸。

23. 注水井分层流量测试资料异常的原因哪些？如何预防？

故障原因：

（1）测试水量与水表误差大。

（2）测试时停测位置不当，流量卡片出现倒台阶或降压卡片层段水量反常现象。

（3）注入水质不合格或井筒脏污，流量台阶不平或压力曲线波动异常现象。

（4）测试卡片前后流量、压力差过大。

预防措施：

（1）测试时，应检查对比流量计与水表误差不大于±8%。

（2）根据管柱情况确定好停测位置。

（3）测试前，应提前洗井，提高注水质量。

（4）控制流量，稳定15min以上再进行测试。

24. 打捞钢丝时的故障有什么现象？故障原因有哪些？如何处理？

故障现象：

（1）仪器下井过程中，负荷突然变轻。

（2）打捞矛下井抓住钢丝后，上提遇阻或无法上提。

（3）打捞矛抓住钢丝后，上提一段距离后负荷突然变轻。

故障原因：

（1）打捞前打捞工具未连接紧固或新钢丝未下井松扭力，造成打捞工具脱扣掉入井内。

（2）打捞工具下放太深，造成井下钢丝成团，打捞工具从绳帽拔脱。

（3）捞住钢丝后未反复压钢丝，导致打捞矛的钩、齿未挂牢靠，上提时钢丝又掉入井内。

处理方法：

（1）打捞工具下井前要连接紧固，新钢丝一定要先下井松扭力。

（2）打捞钢丝前，要估算出钢丝大概位置，打捞工具下井一定要慢，要逐步加深。下放、上提钢丝速度一定要慢。上提时，操作人员一定要随时注意指重器的变化，负荷突然增加应立即停止上提。

（3）捞住钢丝后一定要反复压钢丝，让打捞工具抓紧钢丝。

25. 测试仪器掉入井内的故障有什么现象？故障原因有哪些？如何处理？

故障现象：

打捞落物过程中，工具遇卡，上提时钢丝拉断、打捞工具脱扣或在井口撞断造成测试工具、仪器掉入井内。

故障原因：

（1）钢丝质量有问题，钢丝有砂眼，或长期磨损，有裂痕、硬伤痕；钢丝绳结没有打好，钢丝跳槽等原因造成钢丝断裂，致使打捞工具掉入井内。

（2）转速表不转或跳字造成计量深度不准，撞击堵头，使打捞工具掉入井内。

（3）仪器、工具的连接部位未上紧，造成打捞工具脱扣掉入井内；打捞工具焊接不牢固，落物卡得太死，抓住落物后钩齿拉坏。

（4）负荷过重，未安装地滑轮，造成滑轮或防喷管折断而将钢丝拉断。

处理方法：

（1）定期检查钢丝质量，是否有砂眼或磨损；钢丝的绳结一定要打结实；起下钢丝一定要平稳，防止钢丝跳槽；调整滑轮与堵头使之同心。

（2）经常检查及维修转速表，如有故障及时维修或更换。

（3）测试仪器、工具各连接部位一定要紧固，防止脱扣事故的发生。

（4）维修或更换合格的滑轮，防止因滑轮质量问题而造成钢丝断裂落入井内。

（5）如以上方法不能排除故障，上报作业处理。

26.卡瓦打捞筒打捞落物时的故障有什么现象？故障原因有哪些？如何处理？

故障现象：

（1）卡瓦打捞筒捞不到落物。

（2）捞到落物后拔不动。

（3）起出仪器后，卡瓦筒部件损坏或井下仪器脱扣。

故障原因：

（1）落物鱼顶被脏物填埋，落物的鱼顶变形。

（2）落物在井下卡钻严重或管柱变形。

（3）卡瓦筒与压紧头拉脱、卡瓦片损坏或绳帽从螺纹处拉脱。

处理方法：

（1）采用反洗井的办法将脏物洗出。

（2）卡瓦筒下井前与振荡器连接好，抓住落物后反复振荡，直到解卡为止。

（3）仪器下井前要认真检查并将各连接部位紧固好。

（4）上述方法无效则报作业解决。

27. 测试时螺纹脱扣故障有什么现象？故障原因有哪些？如何处理？

故障现象：

仪器工具起下过程中，指重器显示负荷降低，仪器起出后螺纹部分脱扣掉入井内。

故障原因：

（1）密封圈破损，仪器各部位未上紧。

（2）仪器螺纹磨损或错扣。

（3）绳结不合格，在绳帽中转动不灵活，造成仪器退扣。

（4）新钢丝下井之前未先下井预松扭力。

处理方法：

（1）下井前各螺纹连接部位要紧固，密封圈有损坏现象要及时更换。

(2) 若螺纹有损坏，应停止使用。

(3) 下井前要检查绳结在绳帽内的转动情况。

(4) 新钢丝下井之前一定先下井预松扭力。

28. 注水井落物打捞过程中发生井下工具二次掉卡的故障原因有哪些？如何预防？

故障原因：

(1) 打捞工具选择不当或井下落物状况不清，导致打捞工具在井下遇卡。

(2) 打捞过程中加重过大或下放过猛，造成打捞工具或井下落物变形。

(3) 打捞过程中起仪器速度过快，突然遇阻。

(4) 打捞过程中防喷管未用绷绳固定或未使用导向滑轮，拔断防喷管，导致井口钢丝拉断。

(5) 井下落物卡死，打捞时绞车拉力控制不当，造成打捞工具掉落。

(6) 打捞过程中，放空泄压过猛，造成打捞工具或井下落物窜入钢丝内卡死。

预防措施：

(1) 注水井打捞井下落物前应组织相关人员分析故障原因，了解落物井生产状况及井下管柱结构。核实井下落物结构及外形特征，选择合适的打捞工具时必须绘制草图，注明尺寸。

(2) 在打捞过程中，如果一次或多次未捞上，不要一味猛顿，防止损坏鱼顶形状，给下次打捞造成困难。

(3) 在打捞落物过程中，无论打捞何种落物，下放和上提速度都应缓慢、平稳，不能猛刹、猛放。

(4) 打捞时，如需使用防喷管，应使用地滑轮减少防喷管所承受的拉力,防喷管过长时应用绷绳加固。

(5)下入的打捞工具遇卡拔不动时,应能脱卡,以便进行下步措施。

(6)打捞过程中需放空泄压时,人员分工明确,由一人统一指挥并注意控制好泄压速度。

29. 使用井下打捞矛时的常见故障原因有哪些?如何处理?

故障原因:

(1)选择打捞矛尺寸过大,在井内遇阻,下不到目的深度,无法打捞。

(2)选择打捞矛尺寸过小,在井内打捞时,无法与井下绳类落物形成有效缠绕。

(3)制作打捞矛时,材料选择不当,钩齿捞住绳类落物后受力变形,导致打捞失败。

(4)打捞钩齿焊接不牢固,在打捞过程中,受力断裂造成打捞失败。

(5)打捞矛钩齿焊接角度或钩齿尖角不合适,在井下无法钩住绳类落物。

(6)打捞矛放入防喷管或下入井内时速度过快,导致打捞矛变形,无法打捞。

处理方法:

(1)选择打捞矛尺寸时,应考虑下入深度的管柱直径及绳类落物直径,保证打捞矛顺利起下,并能与井下绳类物形成有效缠绕。

(2)自制打捞矛时所选材料的直径、弹性、强度应能满足打捞要求。

(3)打捞矛下井前,应对焊接部件及螺纹连接部位进行检查，防止二次掉落事故的发生。

（4）自制焊接打捞矛时，钩齿的尖角应为30°，钩齿与主体角度也应保持30°为宜。

（5）打捞矛放入防喷管或下入井内时应缓慢，防止钩齿变形。

30. 油水井测试时，造成防喷管拉断事故的原因有哪些？如何预防？

故障原因：

（1）防喷管有伤痕，受力拉断。

（2）防喷管过长，未安装导向滑轮或拉绷绳固定防喷管。

（3）上起仪器时速度过快，突然遇卡导致防喷管拉断。

（4）试井绞车拉力控制不当，遇卡后未及时卸载，导致防喷管拉断。

预防措施：

（1）定期检查防喷管，严禁使用焊接的防喷管。

（2）使用加上防喷管进行测试时，一定要安装导向滑轮并用绷绳加固。

（3）严格控好仪器上起速度，未出工作筒时控制在60m/min，出工作筒后控制在150m/min。

（4）测试前应提前设定好绞车拉力，上提仪器时随时观察绞车压力变化情况，负荷急骤增大时应立即卸载。

31. 钢丝跳槽故障有什么现象？故障原因有哪些？如何处理？

故障现象：

在仪器上提或下放过程中，钢丝突然松弛，从滑轮槽内跳出。

故障原因：

（1）下放速度过快，突然遇阻。

（2）下放速度过慢，钢丝放得太松。

（3）操作不平稳，导致钢丝猛烈跳动。

（4）滑轮不正，未对准绞车；轮边有缺口。

（5）提仪器前未去掉密封帽上棉纱之类的东西。

处理方法：

（1）操作平稳，下放速度不宜过快，上提时不要猛加油门。

（2）下放速度慢时，钢丝不要拖地。

（3）下井前一定要把滑轮对准绞车。

（4）滑轮有缺口或滑轮弹子盘坏了，要停止使用。

（5）提仪器前，去掉密封帽上棉纱之类的东西。

32. 钢丝拔断故障有什么现象？故障原因有哪些？如何处理？

故障现象：

上提仪器时，负荷突然增大后又突然降低，钢丝出现松弛现象，起出后钢丝变短，或测试仪器、工具掉入井内。

故障原因：

（1）钢丝质量不好，有砂眼、内伤或死弯。

（2）钢丝使用时间过长，没有及时更换。

（3）绳帽打得不合要求，圆环有裂痕或圆环拉出。

（4）操作不平稳，仪器通过工作筒时速度过快。

（5）仪器在起下过程中突然遇卡，未及时停车或卸掉负荷。

处理方法：

（1）定期检查钢丝质量，定期更换测试钢丝。

(2) 钢丝绳结必须打结实，严格检查小圆环有无伤痕，如有伤痕应重新打绳结。

(3) 起下过程中随时观察指重器的负荷变化。

(4) 操作一定要平稳，禁止猛起、猛放。

(5) 在仪器未出工作筒或在斜井中上提仪器时，速度不超过 60m/min。

33. 卡钻故障有什么现象？故障原因有哪些？如何处理？

故障现象：

仪器工具上提过程中，指重器负荷增大，仪器不能上提。

故障原因：

(1) 井内有落物，造成仪器卡钻。

(2) 分层测试井中的水质不好，有脏物，仪器卡在工作筒内。

(3) 工作筒有毛刺，工具、仪器螺钉退扣，下井工具不合格。

(4) 出砂或严重结蜡，造成仪器卡钻。

(5) 井斜、仪器长、别劲大，管柱变形。

处理方法：

(1) 有落物的井，必须打捞落物后，方可下仪器测试。

(2) 仪器在上提或下放过程中如有遇卡现象，不硬拔、硬下，应勤活动，慢起下。

(3) 仪器通过工作筒时速度要缓慢，通过后再用正常的速度起下，若仪器在工作筒内卡住，不硬拔、勤活动，慢上提。

(4) 注意检查下井工具的质量。

(5) 起下过程中随时观察指重器的负荷变化。

34. 油水井测试过程中，发生顶钻事故的原因有哪些？如何处理？

故障原因：

（1）油井全井或分层产量高、压力高，仪器上起速度小于井内液体向上流动速度。

（2）油井脱气严重，仪器重量轻。

（3）关井测压时仪器未起出就开井。

（4）注水井测试处理故障时放空过猛。

处理方法：

（1）油井测试时不管是下仪器还是起仪器，一般都用控制或关闭生产阀的方法来减缓或消除仪器顶钻现象。

（2）若下仪器发现顶钻，一定要绷紧钢丝，将仪器起出加重后再下。

若上起仪器发现顶钻，一定要加快仪器上起速度，来不及时，可用人背钢丝加速的办法。

（3）测静压时一定要起完仪器再开井。

（4）注水井处理故障放空时，要缓慢泄压，绞车岗应密切关注钢丝拉力情况，做好随时上起的准备。

35. 钢丝在井口关断故障有什么现象？故障原因有哪些？如何处理？

故障现象：

关阀门时钢丝从测试堵头弹出，测试仪器、工具带部分钢丝掉入井内。

故障原因：

（1）操作人员思想不集中，配合不好将钢丝关断。

（2）转速表失灵或跳字，仪器没有起到防喷管内，既没有听到声音又未试探闸板，而关死阀门导致钢丝关断。

(3) 测试时井口没有挂牌或把清蜡阀与总阀用钢丝绑住后，试井人员离开。采油工关阀门，把钢丝关断，造成钢丝和仪器落入井内。

处理方法：

(1) 各岗位密切配合，思想集中，听班长命令方可关闭阀门，用钢丝将井口绑住或挂牌。

(2) 仪器起到井口时，一定要先听声音，后试探闸板，确认仪器进入防喷管后，方可关闭阀门。

(3) 进行不关井测压或测恢复压力时一定要与采油工联系交谈后方可离开。

36. 测试绞车机械计数器失灵故障有什么现象？故障原因有哪些？如何处理？

故障现象：

测试过程中进行起下仪器操作时，机械计数器出现跳字、卡字或不转动情况。

故障原因：

(1) 机械计数器清零后，清零按钮未复位。

(2) 机械计数器内齿轮损坏或卡死。

(3) 计数器传动软轴断裂或连接不牢固。

处理方法：

(1) 重新清零，并按测试仪器下入深度重新设置。

(2) 机械计数器内齿轮损坏或卡死时更换计数器。

(3) 检查传动软轴的连接情况，若有断股应及时更换。

37. 测试绞车电子计数装置失灵故障有什么现象？故障原因有哪些？如何处理？

故障现象：

测试过程中，起下仪器操作时，电子计数装置出现以下情况：

(1) 电子计数装置显示屏无显示。

(2) 电子计数装置显示数字无变化。

(3) 电子计数装置显示数字时走时停。

(4) 电子计数装置与机械计数器误差大。

故障原因：

(1) 电子计数装置电源未接通或线路出现断路。

(2) 计量轮测量头损坏。

(3) 测量头通信线接头松动、虚接。

(4) 电子计数参数设置不当。

处理方法：

(1) 接通电源，检查计数装置电源开关及线路情况。

(2) 更换计量轮测量头。

(3) 检查更换通信线，重新插接。

(4) 对照机械计数器校正计量参数。

38. 测试绞车机械计数器及电子计数装置同时失灵故障有什么现象？故障原因有哪些？如何处理？

故障现象：

测试过程中，进行起下仪器操作时，机械计数器及电子计数装置同时失去计量功能，导致机械计数器及电子计数装置出现卡字、跳字或显示数字无变化的情况。

故障原因：

(1) 冬季施工时，绞车温度过低造成计量轮冰卡或打滑等。

(2) 计量轮轴承损坏，导致计量轮不能转动。

处理方法：

(1) 发现转速表失灵，应立即停车，查明原因，清除故障，并记录已经起下的深度，然后根据实际情况决定是否起下。

（2）若下放仪器时发现失灵，下入深度不多，可将仪器摇至井口，对好转速表后再下；下深较多，可事先计算好还需下入深度，将转速表对零后再下；属分层测试出现则不必停车，可直接将仪器坐入层段后，再检查处理。

（3）上起仪器过程中发现转速表失灵，也应立即停车，查明原因，并记清已经上起的深度，计算好还需上起的深度，将转速表归零后再上起；若还需上起深度不多时，应用手摇将仪器起至井口，防止从井口撞掉仪器发生事故。

39. 钢丝从绞车计量轮处跳槽故障有什么现象？故障原因有哪些？如何处理？

故障现象：

测试过程中，钢丝从计量轮处跳出，计数器不工作。

故障原因：

（1）仪器下放速度过快，突然遇阻所致。

（2）下放仪器过程中钢丝绷得不紧，突然遇阻，未及时刹车导致。

（3）绞车与井口未对正，别劲大。

（4）转速表架子保养做得不好，压紧轮和计量轮咬合不适宜或未将钢丝压紧等导致。

（5）压紧轮和计量轮间隙磨损过大。

处理方法：

发现跳槽后，绞车岗应继续下放钢丝，不许刹车，并立即通知中间岗和井口岗，井口岗应立即紧死堵头密封填料，中间岗拉住钢丝，绞车岗将钢丝扶入转速表架子量轮槽内，查明跳槽原因后，决定是否起下仪器。若是压紧轮的问题，应调整或更换压紧轮，使之与计量轮咬合紧密。

40. 联动测试过程中地面控制箱电流变化故障有什么现象？故障原因有哪些？如何处理？

故障现象：

正常测试时地面控制箱电流表示值超出正常范围，同时控制箱发出过载报警，测试信号中断。

故障原因：

（1）仪器在井下测试时，电缆头内接线端子绝缘层破裂进水，造成短路。

（2）电缆使用时间过长，绝缘层破损，在井下测试时造成短路。

（3）绞车电缆滑环长期使用，接头损坏，造成短路。

（4）井下可调堵塞器调不动时，电流变大，控制箱过载报警。

（5）井下测调仪在测试中发生故障。

（6）井下仪器测试中发生卡钻，上起时电缆缆芯发生断点，造成无电流信号。

（7）测试中电缆头内的伸缩端子虚接，造成电流来回变化。

（8）地面控制箱挡位调节不当，造成电流随电压变化。

处理方法：

（1）仪器起出来重新连接电缆头。

（2）更换质量合格的电缆，或找出电缆短路点视情况切除或更换电缆。

（3）检查滑环接头，找出故障点排除。

（4）打捞出堵塞器并更换合格的堵塞器。

（5）维修更换井下测调仪。

（6）起出仪器，将电缆头内的伸缩端子重新焊接或更换。

（7）地面控制箱挡位调节好后再进行测试。

41. 联动测试时井下可调堵塞器调不动故障有什么现象？故障原因有哪些？如何处理？

故障现象：

对可调堵塞器进行调整时，地面控制箱电流变大，反复调整水量没有明显变化。

故障原因：

（1）可调堵塞器投入井下时间过长造成损坏或卡死。

（2）测调仪机械调节臂发生故障。

（3）注入水脏，杂质多造成堵塞器水嘴被卡死。

（4）测调仪加重不够，调节臂与可调堵塞器调节接头未对接上。

（5）堵塞器调节接头上有脏物，造成调节头和堵塞器结合不紧密。

处理方法：

（1）若是堵塞器损坏，应下入投捞器将损坏的堵塞器捞出，再投入好用的可调堵塞器进行调配。

（2）将测调仪起出，在地面修理好机械调节臂并进行调试后，再下入井进行调配。

（3）调节臂调节头与堵塞器调节接头结合不好，可适当加重。

（4）洗井后重新调配。

42. 联动测试中电缆头故障有什么现象？故障原因有哪些？如何处理？

故障现象：

联动测试中电缆头发生故障会产生通信信号中断或仪器掉落井下的现象。

故障原因：

(1) 线路故障。

① 电缆头的伸缩端子焊点虚接或断开，造成通信信号中断。

② 测试中电缆头绝缘端子的绝缘层破损进水，造成测试通信信号中断。

(2) 机械故障。

① 电缆头内的锥套使用时间过长，失效卡不住，造成电缆从锥套中脱出，仪器掉入井内。

② 电缆头内的弹簧时间过长，腐蚀失效，造成电缆从锥套内脱出，仪器掉入井内。

处理方法：

(1) 线路故障处理。

① 下仪器测试前检查电缆头伸缩端子是否虚接或断开，发现问题及时处理。

② 检查电缆头内的绝缘端子绝缘层是否损坏，发现问题及时处理。

(2) 机械故障处理。

① 检查电缆头内的锥套应完好。

② 检查电缆头内的弹簧应完好。

43. 注水井联动测调仪调节臂故障有什么现象？故障原因有哪些？如何处理？

故障现象：

测调仪调节臂最常见故障就是调节臂打不开、收不回去。

故障原因：

（1）调节臂机械故障。

① 凸轮磨损严重，凸轮弹簧失效。

② 万向节、万向杆、对接垫圈、万向杆弹簧磨损严重，造成调节臂卡死。

③ 支撑臂连接销、支撑臂弹簧销、支撑臂弹簧脱落或损坏，也会造成调节臂打不开、收不回去。

（2）电路元器件故障。

① 地面控制箱有故障或数据设置不合理。

② 电缆断路、短路，滑环损坏，电缆头进水或电缆头与仪器接触不良。

③ 仪器自身有电路故障。

处理方法：

（1）更换凸轮，更换凸轮弹簧。

（2）保养更换调节臂或调节臂配件。

（3）修理或设置地面控制箱。

（4）电缆断路短路时，电缆长度足够时应断掉前端故障部分使用；若电缆长度不足，应更换全部电缆。绞车滑环损坏应更换滑环。

（5）重新制作电缆头或擦拭电缆头与仪器的接触面。

（6）修理仪器或更换仪器。

44. 联动测试车载逆变电源故障有什么现象？故障原因有哪些？如何处理？

故障现象：

（1）输出电压不稳定。

（2）打开电源开关无反应。

（3）逆变电源工作时断时续。

故障原因：

（1）逆变电源稳压功能不正常。

（2）电源开关接触不良或损坏。

（3）车辆颠簸造成接线柱松动。

处理方法：

（1）更换逆变电源稳压器。

（2）重新连接电源开关或更换电源开关。

（3）定期检查接线柱，如有松动及时紧固。

45. 测试绞车液压系统故障有什么现象？故障原因有哪些？如何处理？

故障现象：

（1）拉动操作手柄，控制压力不发生变化。

（2）液压马达转速偏低。

（3）液压绞车运转时振动或噪声大。

（4）液压绞车压力失常。

（5）液压系统无动力输出。

（6）油量过大，升温过快。

故障原因：

（1）油箱开关未打开或滤油器堵塞。

（2）液压马达或液压泵磨损严重，造成容积效率下降；溢流阀及其他元件失灵，内泄过大；压力调节阀控制过小。

(3) 油泵磨损或损坏，系统内有空气；吸入滤清器堵塞；液压马达固定螺栓松动。

(4) 油箱液面过低，油箱透气孔堵塞；油温过高产生蒸气或油温过低。

(5) 液压油液量低于规定范围或变质；取力器未处于挂合状态；油泵未转动并且压力表没有指示；液压马达发生故障。

(6) 溢流阀损坏，自动卸载造成泵及马达内泄大。

处理方法：

(1) 检查油箱阀门和滤油器。

(2) 检查液压泵或液压马达；更换磨损部位，维修更换溢流阀；重新调整压力调节阀。

(3) 更换液压泵；紧固接头，排尽系统内气体；清洗或更换吸入滤清器；紧固液压马达固定螺栓。

(4) 检查用油是否正确，加油或换油；对油箱透气孔进行清洗；降低或升高油温。

(5) 补充或更换液压油；将取力器调整至挂合状态，修理或更换油泵及压力表；修理或更换液压马达。

(6) 维修或更换新的溢流阀。

46. 测试绞车机械系统常见故障有什么现象？故障原因有哪些？如何处理？

故障现象：

(1) 绞车盘丝机构运转不正常。

(2) 电子指重器不显示。

(3) 绞车滚筒转动不平衡，有异响或不转动。

(4) 刹车失灵。

(5) 操作气动控制切换阀时，气缸无动作或动作过小，绞车无法正常工作。

（6）取力器离合处于挂合位置，进行提升或下放动作，滚筒不转动。

（7）手摇机构转动不灵活或卡阻。

故障原因：

（1）滑块或麻花轴损坏；转动齿轮故障。

（2）电源未接通或线路故障；张力传感器故障。

（3）油路堵塞、液压油位过低或控制阀调试不当；滚筒轴承损坏。

（4）刹车带间隙过大或损坏；刹车联动杆断裂或螺钉脱落。

（5）储气筒冻堵或储气筒定压阀损坏造成压力过低；气动控制切换阀损坏或密封件漏气；气动系统密封件或连接管线有漏气现象；气缸活塞行程过小。

（6）操作台电源未打开或线路故障；紧急卸载开关处于接通状态；液压泵故障；绞车气压压力不足，取力器离合未挂合。

（7）缺少润滑油，拨叉杆过长，齿轮间隙过紧。

处理方法：

（1）更换滑块或麻花轴；检查转动齿轮。

（2）接通电源，检查显示装置电源开关及线路情况；维修或更换新的张力传感器。

（3）排除堵塞、加注相同型号液压油或重新调试控制阀；更换滚筒轴承。

（4）调整刹车带间隙或更换刹车带；更换刹车联动杆或上紧螺钉。

（5）更换定压阀，清除冻堵；维修更换气动控制切换阀；检查气动管线，更换密封件后重新紧固；调整气缸活塞行程。

（6）打开操作台电源，检查排除线路故障；检查紧急卸载开关，确认处于断开状态；维修或更换液压泵；检查气压开关及管线，确认密封完好。

（7）润滑轴套，调短拨叉杆使长短合适，调整齿轮间隙使其合适。

47. 测试电驱动绞车常见故障有什么现象？故障原因有哪些？如何处理？

故障现象：

（1）无法通过操作台上启停按钮控制发动机。

（2）操作手柄无法控制绞车滚筒转动。

（3）滚筒不转动。

（4）扭矩表不亮或显示不准。

（5）滚筒拉力不足。

（6）报警灯亮起。

故障原因：

（1）电源故障；线路故障。

（2）操作台电源故障；线路故障；操作手柄故障。

（3）取力器离合未挂合；绞车扭矩为零；紧急卸载开关处于接通状态。

（4）电压表故障；线路故障。

（5）绞车扭矩过低。

（6）操作失误，未按流程操作；连接线故障。

处理方法：

（1）检查总电源和操作台上的电源开关是否打开；检查线路是否连接完好。

（2）打开操作台供电电源；检查手柄控制线路是否完好；手柄无信号输出则更换手柄。

（3）检查取力器离合是否挂合；调节扭矩旋钮，使扭矩数值达到合理范围；检查紧急卸载开关状态，调整为断开状态。

（4）更换电压表；检查线路。

（5）调节扭矩数值到合理范围。

（6）按复位键解除报警；检查电动机端的连接线。

48. 测试液压绞车动力不足故障有什么现象？故障原因有哪些？如何处理？

故障现象：

测试过程中进行上提测试仪器的操作，当油门控制阀开到最大时，绞车滚筒转动缓慢。

故障原因：

（1）吸油管内进空气。

（2）液压油内有水。

（3）油箱开关未全部打开或过滤器堵塞。

（4）扭矩调压阀调节过低或无效。

处理方法：

（1）检查旋紧吸油管接头。

（2）更换新的液压油。

（3）将油箱开关全部打开或更换过滤器。

（4）将调压阀调整至合适位置或更换新的调压阀。

49. 试井绞车盘丝机构运转不正常故障有什么现象？故障原因有哪些？如何处理？

故障现象：

测试过程中起下仪器时，试井绞车盘丝机构不能往复运动或在某一位卡滞，导致测试电缆或钢丝在绞车滚筒上排列不整齐。

故障原因：

(1) 滑块卡住或损坏。

(2) 丝杠停止转动或损坏。

(3) 转动齿轮故障使丝杠停止运动。

(4) 钢丝排列不整齐，偏向一侧。

处理方法：

(1) 更换滑块。

(2) 检查更换丝杠。

(3) 检查转动齿轮。

(4) 调整丝杠及滑杠与支架的间隙，调整计量轮支架位置。

50. 试井绞车刹车失灵故障有什么现象？故障原因有哪些？如何处理？

故障现象：

测试时，拉紧刹车后，试井绞车滚筒不能止动，钢丝或电缆仍然处于下入状态。

故障原因：

(1) 刹车带断裂、变形、脱铆。

(2) 刹车带有油污、磨平、间隙大。

(3) 刹车带固定螺栓脱落。

(4) 刹车连杆没调整好。

(5) 刹车联动杆断裂或螺钉脱落。

处理方法：

(1) 更换刹车带。

(2) 清洁、调整、更换刹车带。

(3) 上紧固定螺栓。

(4) 调整好刹车连杆。

(5) 更换刹车联动杆或上紧螺钉。

51. 液压试井绞车滚筒不转动故障有什么现象？故障原因有哪些？如何处理？

故障现象：

测试过程中，需要上提或下放仪器时，拉动操控手柄，试井绞车滚筒不转动，无法实现上提或下放功能。

故障原因：

(1) 操作台控制电源未打开或出现断路故障。

(2) 电控手柄、放大器损坏或线路故障。

(3) 紧急卸载开关处于接通状态或张力继电器故障。

(4) 取力器未挂合或出现故障。

(5) 液压泵出现故障。

(6) 调压阀设定压力低。

处理方法：

(1) 打开操作台控制电源，检查排除断路故障。

(2) 检查更换电控手柄线路及熔断丝，更换放大器。

(3) 检查紧急卸载开关状态，更换张力继电器。

(4) 重新挂全取力器，如不工作应维修取力器。

(5) 维修或更换液压泵。

(6) 设定调压阀合适压力。

52. 试井绞车液压系统无动力输出故障有什么现象？故障原因有哪些？如何处理？

故障现象：

测试时，拉动操控手柄，绞车操作面板系统压力无变化，试井绞车滚筒不能转动。

故障原因：
（1）液压油箱液位超出规定范围，油质过稀或含水。
（2）油箱开关未全部打开，液压管线有渗漏现象。
（3）检查取力器未处于挂合状态，油泵未转动并且压力表没有指示。
（4）调节阀位置不正确，调压阀无效或调节过低，液压马达发生故障。

处理方法：
（1）补充或更换液压油。
（2）将油箱开关完全打开，更换液压管线。
（3）将取力器调整至挂合状态，修理或更换油泵及压力表。
（4）将调节阀调整至正确位置，修理或更换液压马达。

53.试井绞车辅助压力过低故障有什么现象？故障原因有哪些？如何处理？

故障现象：
测试时操控绞车上提或下放时，绞车操作面板系统压力低，试井绞车筒转速过低，不能正常工作。

故障原因：
（1）滤油器堵塞。
（2）软管堵塞或不通。
（3）系统内有渗漏。
（4）定压阀调节不当或溢流阀损坏。

处理方法：
（1）检查并更换滤油器滤芯。
（2）检查供压管，进行清洗更换。
（3）紧固渗漏部位，如不能解决则应更换密封件。

(4) 调定压力,检查更换溢流阀。

54. 液压试井绞车运转时振动噪声大、压力失常故障原因有哪些?如何处理?

故障原因:

(1) 油箱液面过低,油箱透气孔堵塞。

(2) 油泵轴漏气,吸入管或接头漏气,系统内有空气。

(3) 吸入滤清器堵塞,油温过高产生蒸气,油温过低。

(4) 油泵磨损或损坏。

(5) 试井绞车液压马达固定螺栓松动。

处理方法:

(1) 检查用油是否正确,加油或换油;对油箱透气孔进行清洗。

(2) 需更换密封环;紧固接头或更换新管;排尽系统内气体。

(3) 应清洗或更换吸入滤清器;降低或升高油温。

(4) 如油泵损坏应更换。

(5) 检查紧固液压马达固定螺栓。

55. 液压试井绞车马达转速偏低故障原因有哪些?如何处理?

故障原因:

(1) 液压泵或马达磨损严重,造成容积效率下降。

(2) 溢流阀及其元件失灵,内泄过大。

(3) 压力调节阀控制过小。

处理方法:

(1) 检查液压泵及液压马达,更换磨损部件。

(2) 维修更换溢流阀。

(3) 重新调整压力调节阀。

56. 液压试井绞车气动系统常见故障有什么现象？故障原因有哪些？如何处理？

故障现象：

操作气动控制切换阀时，气缸无动作或动作过小，绞车无法正常工作。

故障原因：

(1) 试井绞车储气筒有冻堵或储气筒定压阀损坏造成压力过低。

(2) 气动控制切换阀损坏或密封件漏气。

(3) 气动系统密封件或连接管线有漏气现象。

(4) 气缸活塞行程过小。

处理方法：

(1) 更换定压阀，清除冻堵，储气筒应定期排水，防止冻堵。

(2) 维修更换气动阀。

(3) 检查气动管线，更换密封件后，重新紧固。

(4) 调整气缸活塞行程。

57. 影响测试的抽油机常见故障有什么现象？故障原因有哪些？如何处理？

故障现象：

因抽油机电路、设备或深井泵存在问题，无法进行正常测试。

故障原因：

(1) 井筒内壁结蜡；砂卡或衬套乱。

(2) 抽油杆的韧度不够或使用时间过长；抽油杆质量有问题。

(3) 驴头没有顶丝或顶丝松动；驴头有落物落下。

(4) 悬绳器脱离抽油杆；悬绳器有电火花。

(5) 长时间使用，经常大负荷工作造成卡子松动，或卡子没有紧固好。

(6) 毛辫子使用时间长或毛辫子出槽，造成毛辫子断股没有及时更换；悬绳器无销子。

(7) 配电箱内的电路部分老化或有松动，使用时产生弧光或火球伤人。

(8) 刹车不灵活或无刹车，连杆硬度不够或刹车手柄无法固定。

处理方法：

(1) 采用热洗的方法解除井壁结蜡的现象；采用作业的方法解决砂卡及衬套乱问题。

(2) 选择质量合格的抽油杆，抽油杆使用一定时间后要及时更换。

(3) 安装驴头顶丝并紧固好；安装完驴头后检查驴头内有无异物或工具。

(4) 悬绳器上安装挡板并上紧；检查配电箱内是否有外接电，并察看有无接地线。

(5) 要经常检查卡子是否松动，如有松动应及时紧固。

(6) 检查毛辫子是否有断股现象，如有应及时更换；给悬绳器安装销子，防止毛辫子出槽。

(7) 经常检查电路是否松动或老化，如有松动或老化应及时紧固或更换。

(8) 采用质量合格的刹车杆；对刹车经常进行保养，

如果刹车有故障应及时修理。

58. 综合测试仪常见故障有什么现象？故障原因有哪些？如何处理？

故障现象：

（1）打开载荷位移传感器电源开关，没有蜂鸣音且指示灯无显示。

（2）位移拉线拉不动；拉线有卡阻现象；所测冲程与实际不相符。

（3）测试时综合测试仪测试功能失效，无法继续操作。

（4）测试液面时，击发后无反应。

（5）打开套管阀时有漏气现象。

（6）测试液面时曲线不合格。

（7）综合测试仪进行通信时无反应。

故障原因：

（1）载荷位移传感器电源开关损坏，电池没有电，开焊或断线。

（2）位移拉线齿轮掉齿，产生位移漂移大。

（3）测试仪在录取资料过程中，出现死机现象。

（4）微音器连接线断或微音器损坏。

（5）井口连接器接头螺纹损坏或放气阀损坏，漏气严重。

（6）增益调整不合理，微音器脏污。

（7）因通信电缆或通信端口出现故障，通信失败。

处理方法：

（1）更换电源开关或重新焊接断线。

（2）维修后重新标定。

（3）关机重新开机。

(4) 检查微音器连接线进行修复或更换。

(5) 更换接头或放气阀，重新测试。

(6) 重新调整增益；清洗微音器室及微音器，如有损坏及时更换。

(7) 维修或更换通信电缆或通信端口。

59. 抽油机井测试动液面资料不合格故障有什么现象？故障原因哪些？如何处理？

故障现象：

(1) 测试液面时有干扰波，无法分辨出液面波位置。

(2) 测试液面操作时有自激现象出现。

(3) 井口波严重脱挡。

(4) 液面曲线长度不足，未测出二次波。

(5) 液面曲线上未测出液面波。

(6) 液面曲线上只有井口波，其余部分均为直线。

故障原因：

(1) 仪器本身问题或井筒不干净。

(2) 井口振动或有漏气现象；灵敏度调节不当；仪器性能不稳定等。

(3) 灵敏度挡位调节过大；套管阀没开到位。

(4) 测试等待时间短，未测到反射波，关机过早。

(5) 灵敏度挡位调节过低。

(6) 套压太低（小于 0.2MPa）或无套管气，没有传送介质，声音无法在井筒内传播。

处理方法：

(1) 重新标定回声仪；热洗井稳定后，重测。

(2) 调整、紧固井口部件，消除振动；调整仪器灵敏度重新测试；检修，标定回音仪。

(3) 降低灵敏度挡位重测；重新打开套管阀。

(4) 延长测试时间，等待足够时间，待二次波出现后再关机。

(5) 调大灵敏度重新测试。

(6) 在井口连接器后接头安装氮气瓶或待套压升高后再测；采取关闭油套连通憋高套压的方法重新进行测试。

60. 分层注水井验封资料异常的原因有哪些？如何处理？

故障原因：

(1) 验封压力计传压孔或密封段中心孔堵塞，导致上、下压力曲线不同步。

(2) 验封压力计压力传感器故障，导致上、下压力曲线不同步。

(3) 验封压力计电池电压不足或仪器进液，导致测试曲线不完整。

(4) 验封时开、关井改变工作状态时，间隔时间过短或采样时间设置不当，导致曲线无法分辨。

处理方法：

(1) 检查清理压力计上部、下部传压孔及密封段中心孔，重新测试。

(2) 更换压力传感器，重新标定。

(3) 检查更换密封圈，电量不足应更换电池。

(4) 正确设置采样时间，每次开关井时间应不少于5mim。

参考文献

[1] 大庆油田第四采油厂. 油田生产故障解析 500 例. 北京：石油工业出版社，2019.

[2] 中国石油天然气集团有限公司职业技能鉴定指导中心. 采油测试工：上册. 北京：石油工业出版社，2019.

[3] 中国石油天然气集团有限公司职业技能鉴定指导中心. 采油测试工：下册. 北京：石油工业出版社，2019.

[4] 中安华邦（北京）安全生产技术研究院. 高处安装、维护、拆除作业操作资格培训考核教材. 北京：团结出版社，2013.

[5] 中国石油天然气集团有限公司人事部. 油气田开发专业危害因素辨识与风险防控. 北京：石油工业出版社，2018.

附录

附表 1　注入井测试操作准备工作中的危险因素评价表

序号	风险点源	危险因素描述	可能产生的危害	现有控制措施
1	布置施工现场操作	1. 锤柄的楔子松动或锤头松动，打桩操作时锤头飞出。操作时戴手套或手上有油污，脱手飞出。 2. 测试仪器工具掉落或倾倒伤人 3. 车辆停放不当，在暗坑、地基松软车辆侧翻	物体打击车辆伤害	1. 使用前检查锤柄内楔子及锤头应牢固。使用手锤时应禁止戴手套。 2. 井下测试仪在车内应放置在专用仪器架或箱子内，在井口时不要竖直放置。 3. 提前询问路线并进行现场勘查
2	测试前试井绞车检查操作	1. 检查绞车机械部件时，检查、更换计量轮时，发动机未熄火。未停车操作或离合未分离。 2. 进入绞车间内紧固操作时，扳手使用过程中开口不合适或操作空间受限，推扳手。 3. 未挂空挡，刹车有故障未刹紧或未打掩木，车辆移动造成人身伤害。 4. 计量轮与压紧轮配合间隙不紧密，钢丝从计量轮脱出或打扭伤人。 5. 卸松压紧轮，取出钢丝时发生反弹	机械伤害物体打击车辆伤害	1. 检查紧固绞车机械部件时，一定要在发动机熄火状态下进行。 2. 使用过程中禁推扳手，空间受限时，应张开手指推动扳手。 3. 选择好停车位置，确认挡位，刹紧刹车，打好掩木，防止溜车。 4. 压紧轮必须完好，如损坏及时更换，调整好计量轮与压紧轮的配合间隙，防止钢丝从计量轮脱出或打扭伤人。 5. 卸松压紧轮，取出钢丝时一手抓住钢丝，防止钢丝弹出伤人

续表

序号	风险点源	危险因素描述	可能产生的危害	现有控制措施
3	制作录井钢丝绳结	1. 将钢丝从滚筒拉出后未固定，造成钢丝反弹。 2. 用手钳扳正圆环时未夹住圆环。 3. 打圆环缠绕钢丝时未把住钢丝。 4. 剪掉多余钢丝头时划伤	物体打击	1. 钢丝从滚筒拉出穿过堵头及绳帽后用脚踩住钢丝，将堵头和绳帽放在适当位置。 2. 用手钳掰正圆环时一定要夹住圆环不能松手，防止手钳没有夹住钢丝。 3. 打圆环缠绕钢丝时把住钢丝不能松手，防止钢丝反弹。 4. 剪掉多余钢丝头时平稳操作，防止划伤
4	制作连接电缆头操作	1. 电缆从绞车拉出时未关闭车内电源。 2. 电缆头制作完成后带电连接电缆头和测调仪。 3. 使用万用表测量时，表笔、表笔线绝缘不好触electric伤人；使用兆欧表时，手摇手柄脱手打击手指；测量设备时未断电，电击伤人。测量设备后，设备和兆欧表都未放电，电击伤人	触电伤害 物体打击	1. 电缆从绞车拉出前必须关闭车内电源。 2. 电缆头制作完成后检查通信状况，必须先连接电缆头和测调仪之后再打开电源。 3. 使用前检查绝缘性能；做好自身防护，操作时佩戴绝缘手套；小心测量，要平稳、匀速手摇；使用前认真检查，必须断电测量；测量完成后设备和兆欧表同时放电
5	安装测试防喷装置操作	1. 井口防喷装置选择与测试项目及井口状况不符。 2. 防喷管变形、弯曲，螺纹磨损、错扣。	物体打击 高空坠落	1. 根据不同的测试项目及井口状况选择不同类型的井口防喷装置。

续表

序号	风险点源	危险因素描述	可能产生的危害	现有控制措施
5	安装测试防喷装置操作	3. 防喷管放空阀未使用高压阀。 4. 防喷管操作平台、脚踏、安全固定环、测试滑轮悬挂装置等开焊或损坏。 5. 安装防喷管时倾倒伤人 6. 操作时手放在滑轮与滑轮总成之间	物体打击 高空坠落	2. 检查所使用的防喷管，如有变形、弯曲，螺纹磨损、错扣现象应及时更换防喷管。 3. 防喷管放空阀必须使用高压阀，防止飞出伤人。 4. 检查防喷管操作平台、脚踏、安全固定环、测试滑轮悬挂装置等处有开焊或损坏现象时，要及时修理或更换。 5. 安装防喷管时，操作人员要配合好，防止发生防喷管倾倒伤人事故。 6. 操作时手不准放在滑轮与滑轮总成之间
6	倒流程开关阀门操作	1. 开关井口刺水伤人。 2. 阀门丝杆压盖手轮弹出伤人。 3. 拆卸堵头，堵头掉落伤人。 4. 用F形扳手开关阀门时用力过猛打滑夹伤手指或丝杆阀门突出部位磕伤	液体飞溅 物体打击 机械伤害	1. 缓慢开关井，待压力充满后，再全部打开。 2. 开关阀门侧身。 3. 压力归零后再拆卸堵头。 4. 使用F形扳手时要平稳操作、用力均匀

附表2 注入井测试操作过程中的危险因素评价表

序号	风险点源	危险因素描述	可能产生的危害	现有控制措施
1	注水测试起下仪器操作	1. 平台不牢固，开焊，操作人员掉落。 2. 仪器遇阻时地滑轮损坏飞出造成人身伤害。	高处坠落 机械伤害 物体打击 液体飞溅 环境污染	1. 上下平台时小心谨慎，发现松动及时处理，系好安全带。 2. 负荷较大时不能硬起，要反复活动。

续表

序号	风险点源	危险因素描述	可能产生的危害	现有控制措施
1	注水测试起下仪器操作	3.传递仪器时，未抓牢或防喷管堵头掉落伤人。 4.折叠滑轮支架时夹伤手指。 5.放空阀堵塞，未卸净压力。 6.计深器失灵，撞击井口后钢丝伤人或绞车计量轮装置破损，造成钢丝跳槽，处理时误操作夹伤手。 7.手刹车把套脱落。 8.测试时仪器遇阻，防喷管被拉断造成人身伤害。 9.传递投捞器或验封仪器时，抓握位置不当轧伤手指或振荡器回落伤人。	高处坠落 机械伤害 物体打击 液体飞溅 环境污染	3.安全站位，标准操作，在平台上接送仪器时要将仪器上的油水擦净，起出仪器时将堵头顺钢丝滑下。 4.标准操作，折叠滑轮支架时手拿滑轮上部。 5.仪器进入防喷管关闭阀门后，应先放空，确认无压力后再卸堵头。 6.跳槽后首先将钢丝仪器向下的重量取消，不再有负荷后，再去处理跳槽事故。 7.标准操作，发现手刹车把套松动或损坏要及时维修或更换。 8.操作时精力集中，慢起下，多观察，发现问题立即整改。 9.传递投捞器或验封仪器时，手应全部抓握在投捞器壳体下部、外侧，避让开投捞爪、定位爪及振荡器中心杆等活动部位

附表3　注入井测试收尾工作中的危险因素评价表

序号	风险点源	危险因素描述	可能产生的危害	现有控制措施
1	拆卸防喷装置操作	1.用F形扳手开关阀门时用力过猛打滑夹伤手指或丝杆阀门突出部位磕伤。	物体打击 高处坠落	1.倒流程关闭阀门时，要正确站位，平稳操作。

续表

序号	风险点源	危险因素描述	可能产生的危害	现有控制措施
1	拆卸防喷装置操作	2. 卸卡箍螺栓时，扳手打滑伤人。 3. 传递运送防喷管时，人员掉落或防喷管倾倒掉落伤人	物体打击高处坠落	2. 拆卸卡箍时扳手要打牢，平衡操作。 3. 人员站在采油树上操作时，要有专人监护，传递运送防喷管时要注意配合
2	回收测试设备操作	回收钢丝及测试电缆时，测试堵头或电缆头掉落伤人	物体打击	回收钢丝及测试电缆时应平稳抓牢，手摇回收，禁用绞车动力回收

附表4 低压测试准备工作中的危险因素评价表

序号	风险点源	危险因素描述	可能产生的危害	现有控制措施
1	活动扳手	扳手使用过程中开口不合适	滑脱伤人	在使用过程中，将扳手开口调整合适
		操作空间受限，推扳手	人身伤害	使用过程中禁推扳手
		扳手放置位置不当	物体打击	扳手不能放置在不稳定的高处，要放在平坦稳固的位置
2	管钳	管钳固定销钉不牢固，管钳柄、钳头有裂痕	人身伤害	使用管钳时应先检查固定销钉是否牢固，钳柄、钳头有无裂痕，有裂痕不能使用

附表5 低压测试操作过程中的危险因素评价表

序号	风险点源	危险因素描述	可能产生的危害	现有控制措施
1	综合测试仪的测试操作	倒流程时操作错误造成油井井口憋压，使井口设备漏油	液体飞溅	油井倒流程时要按照操作规程去操作，避免产生憋压现象
		开关阀门手轮丝杆铜套子飞出，打伤人员	物体打击	开关阀门时要侧身，手臂、前胸远离丝杠、手轮
		电气设备漏电	触电伤害	操作前应用试电笔验电，按标准操作
		配电箱内电器元件老化、接触不良，按停止按钮或拉空气开关时产生电弧造成人身伤害	电弧灼伤	1. 操作人员佩戴绝缘护具，侧身操作。2. 电工定期检查配电箱
		手臂接触电气设备裸露部分	触电伤害	手臂要远离电气设备，保持安全距离
		悬绳器过低容易夹手造成人身伤害	机械伤害	调整悬绳器至合适高度
		减速箱窜轴、轴承断裂、齿轮打齿	机械事故	按时巡回检查，发现异常及时处理维修
		曲柄销子断脱	机械事故	及时检查更换曲柄销子
		平衡块固定螺栓松动，造成平衡块掉落伤人	物体打击	平衡块固定螺栓、销子等重要部位画好防松线，定期检查，及时维修
		刹车失灵或抽油机突然自启，造成曲柄平衡块旋转伤人	机械伤害	1. 定期检查刹车。2. 曲柄平衡块附近安装防护栏

续表

序号	风险点源	危险因素描述	可能产生的危害	现有控制措施
1	综合测试仪的测试操作	检查主机、位移传感器时滑脱落地,损坏仪器,砸伤脚	物体打击	检查时轻拿轻放,平稳操作
		检查仪器各部位螺纹时划伤手指	机械伤害	穿戴好劳动保护用品
		检查搬运综合测试仪过程中滑脱落地,损坏仪器,砸伤脚	物体打击	搬运过程中要平稳、轻拿轻放,要拿稳仪器
		井口连接器短接螺纹磨损或错扣,各部位连接不严造成有毒有害气体溢出	中毒窒息	1. 定期检查,保养井口连接器。2. 紧固各连接部位
2	井口连接器的测试操作	套压过高,井口连接器飞出伤人	物体打击	井口安装套管放气阀,侧身操作
		井口连接器短接螺纹磨损或错扣造成有毒有害气体溢出	中毒窒息	1. 定期检查,保养井口连接器。2. 紧固各连接部位
		使用工具用力过猛,啮合不严,工具脱手或滑脱造成物体打击伤害	物体打击	使用前检查工具,正确操作使用工具

附表6 低压测试收尾工作中的危险因素评价表

序号	风险点源	危险因素描述	可能产生的危害	现有控制措施
1	回收测试设备操作	卸卡箍螺栓时,扳手打滑伤人	物体打击	拆卸卡箍时扳手要打牢,平衡操作

续表

序号	风险点源	危险因素描述	可能产生的危害	现有控制措施
1	回收测试设备操作	运送仪器过程时，仪器掉落	物体打击	运送仪器过程要平稳操作，轻拿轻放
		套管阀未关严就拆卸仪器	机械伤害	检查套管阀关闭情况